Christopher Vasey

Gesund durchs Chaos

Geheimnis und Weisheit der Naturgesetze

EDITION EVA HERMAN

Cover:
Idee & Gestaltung: Robert A. Lau
BRAINGENCY Design + Werbung GmbH
www.braingency.de

Verlag:
Edition Eva Herman
P.O. Box 66
Cleveland, Nova Scotia B0E 1J0, Canada
info@eva-herman.net
www.eva-herman.net

Druck und Vertrieb:
Amazon Media EU S.à r.l.
5 Rue Plaetis, L-2338, Luxembourg

ISBN: 978-1-9990215-6-6

Der Verfasser orientiert sich bei Aussagen, die über den allgemeinen Kenntnisstand hinausgehen, an dem, im Werk *Im Lichte der Wahrheit – GRALSBOTSCHAFT* von Abd-ru-shin, vermittelten Wissen.

Inhalt

Einleitung

Die aktuelle Coronavirus-Epidemie führt zu tief greifenden Störungen und Umwälzungen und bringt Chaos ins wirtschaftliche, berufliche, familiäre und soziale Leben. Sie macht uns klar, wie wichtig es ist, Krisen zu verstehen, um diese zu bewältigen und sieghaft aus den Herausforderungen, die sie mit sich bringen, hervorzugehen.

Jede Krise und das mit ihr einhergehende Chaos hat eine störende und destabilisierende Wirkung. Es ist nicht mehr möglich, weiterzuleben wie bisher. Was bis dahin feststehend und endgültig schien, ist es nicht mehr. Manches wird infrage gestellt. Der bisherige Kompass geht verloren. Es wird offensichtlich, dass es so nicht weitergehen kann. Die Art zu tun und zu denken, muss sich ändern.

Die Herausforderung ist zu erkennen, wie und in welche Richtung man weitergeht. Niemand liebt es, sein Tun und seine Gewohnheiten zu ändern, da dies Anstrengungen erfordert. Krisen hingegen helfen uns dabei, über uns hinauszuwachsen und uns zu verändern. Jedoch muss die gebotene Gelegenheit ergriffen werden. Um dies zu tun, sollten in uns auftauchende Fragen nicht unterdrückt werden, Fragen wie:

- Weshalb passiert mir dies?
- Weshalb sind gewisse Menschen betroffen, andere jedoch nicht?
- Warum habe ich das verdient?

Viele Menschen denken, dass es nicht möglich sei, Antworten auf diese Fragen zu finden, da die uns umgebende Welt durch den Zufall oder eine willkürliche Vorsehung bestimmt sei.

Antworten *sind* jedoch da. Sie liegen in einem besseren Verständnis der Logik, mit welcher Ereignisse sich entwickeln sowie unseres Anteils an deren Verantwortung.

Das Ziel dieses Buches ist es, die Richtlinien dieser Logik aufzuzeigen. Diese Logik basiert auf den großen Naturgesetzen, in welchen sich alle Ereignisse vollziehen, Naturgesetze, die ausführlich in dem geistigen Werke «Im Lichte der Wahrheit, Gralsbotschaft» von Abd-ru-shin dargelegt sind und die Grundlage der weiteren Ausführungen bilden.

Ausgehend von Krankheit, welche eine Krise für den betroffenen Kranken, jedoch auch für seine Umgebung bedeutet, werden die Gesetze vorgestellt und ihre Auswirkungen beschrieben.

Kennt man diese Gesetze, die universell sind, so können sie uns dazu dienen, alle anderen großen Ereignisse des Lebens zu verstehen und dadurch Wege aus jeder Krise zu finden.

In diesem Buch wollen wir auch vielen weiteren Fragen nachgehen. Eine der wichtigsten lautet:

Ist der Mensch verantwortlich für seine Krankheiten oder treffen ihn diese durch Zufall? Gibt es in unserer Lebensweise etwas, das uns für die Beschwerden, unter denen wir leiden, verantwortlich macht oder erscheinen diese unabhängig von unserem Tun?

Eine absolut klare Antwort auf diese Frage ist unumgänglich, wenn wir Krankheiten durch ein angemessenes Verhalten vermeiden möchten, um uns einer soliden Gesundheit zu erfreuen, die uns erlaubt, unsere Aufgaben zu erfüllen und unsere Vorhaben durchzuführen.

Wenn Krankheiten durch Zufall entstehen würden und es keine vorherzusehende Verkettung von Ursache und Wirkung gäbe, so hätten wir keinen Einfluss auf unsere Leiden und wären demzufolge auch nicht verantwortlich für unsere Gesundheit. Eine Krankheit könnte uns jederzeit überraschen, ohne dass wir das Geringste dazu beigetragen haben, um diese zu verhindern.

Viele glauben, dass es so ist, jedoch empfinden sie intuitiv, dass ein Ereignis nicht ohne Ursache erfolgt. Dies wird auch von der Wissenschaft bestätigt: Die Natur wird von Gesetzen regiert, und die Existenz dieser Gesetze erlaubt uns, den Ablauf von Geschehen vorherzusehen und bewusst auf sie einzuwirken.

Abgesehen von einigen Krankheiten, deren Ursache wir kennen – Übelkeit nach einer zu reichlichen Mahlzeit, Schnupfen durch Erkältung, Schlaflosigkeit wegen Sorgen, usw. –, haben viele unserer Leiden Ursachen, die uns völlig entgehen. Inwiefern sind wir verantwortlich für ein Ekzem, Rheuma oder einen Tumor? Und erst recht, wo liegt unsere Verantwortung in Bezug auf erbliche Krankheiten, die uns von den Eltern übertragen worden sind? Wie kann ein Neugeborenes mit einer unheilbaren Krankheit für seine Leiden verantwortlich sein?

Diese Fragen über die Ursachen der Krankheiten und unsere diesbezügliche Verantwortung sind noch eindringlicher, wenn sie von Gläubigen gestellt werden. Denn, wie ist es möglich, die Liebe Gottes mit den Leiden der Menschen zu vereinen? Wo ist seine Gerechtigkeit, wenn Er zulässt, dass Neugeborene für etwas leiden, für dessen Ursache sie nichts können?

Um Antworten auf diese Fragen zu finden, müssen wir als Erstes herausfinden, welchen Platz der Zufall einnimmt und wo sich unsere Verantwortung befindet.

Krankheit und Zufall

Für viele Menschen ist es der Zufall, der zu Krankheiten führt, wie es sich in zahlreichen Redewendungen zeigt. So sagt man, wenn jemand von einer schweren Krankheit getroffen ist: »Was für ein grausames Schicksal!« – »Er hat wirklich kein Glück« – »Ich hoffe, mir wird nichts Ähnliches passieren!« – »Fassen wir Holz an!«

Die gewählten Sätze zeigen, dass man die Krankheit als etwas Willkürliches, von einem blinden Schicksal Ausgelöstes, betrachtet, welches von etwas so Unvorhersehbarem wie Glück oder Unglück abhängig ist. Auf alle Fälle ist Krankheit das Ergebnis eines unglücklichen Zufalls, und es gibt nicht viel dagegen zu tun, es sei denn, es sich fest zu wünschen, nicht getroffen zu werden oder sogar auf so irrationelle Dinge wie Aberglauben zurückzugreifen, indem man beispielsweise Holz anfasst, um das drohende Unheil abzuwenden.

Gäbe es Zufall, so wären nicht wir der Motor der Ereignisse, was im Falle von

Krankheiten bedeuten würde, dass nicht der Kranke der Motor ist, sondern die Krankheit selbst. Dies bedeutet weiter, dass sie nicht durch einen Entwicklungsprozess entsteht, also etwas, das beginnt und sich nach und nach in uns entwickelt, sondern sie wird als eigene, außerhalb stehende Realität betrachtet, welche auf uns und in uns wirkt. Die Krankheit kann in uns »eindringen«, unsere Gewebe »überfallen«, unsere Organe »zerstören«, unsere Gelenke »angreifen«, das Blut »vergiften«, unsere Kräfte »rauben«, unsere Abwehr »untergraben« und uns schließlich »mitreißen«.

Wird nicht auch dadurch bestätigt, dass Krankheit etwas für sich Außenstehendes ist, dass man sich eine Krankheit »einfangen« kann, um sie dann jemandem anderen zu »geben« ...? Und, einmal in uns eingedrungen, könne sie unterschwellig »brüten«, um plötzlich mit Gewalt »auszubrechen«.

Das Verhalten eines Kranken ist ebenfalls aufschlussreich. Meistens ist es Überraschung: Der Kranke ist erstaunt. Er fragt sich, wie es möglich ist, dass ihn diese Krankheit ergriffen hat, gerade ihn, und in diesem Moment. Manchmal grollt er gegen die Fatalität und sagt sich, er könne nichts dafür und es sei ungerecht. Zeigt eine solche Reaktion nicht, dass er seine Krankheit als einen unglücklichen Zufall ansieht?

Sicher, die nur anti-symptomatische Behandlungsweise unserer Epoche hindert die Kranken oft daran, sich der Tatsache bewusst zu werden, dass es Ursachen für ihre Beschwerden gibt und dass der Zufall überhaupt nichts damit zu tun hat.

Diese Behandlungen richten die Aufmerksamkeit des Kranken auf die Symptome ihrer Krankheit und nicht auf die Ursachen, die diese Symptome ausgelöst haben. Nehmen wir zum Beispiel die sogenannten »Zivilisationskrankheiten«, welche für die aktuelle Lebensweise – Überernährung, zu viel Reizmittel wie Kaffee, Alkohol, Tabak, usw., Stress ... – bezeichnend sind. Wie kann ein Patient sich der Ursachen bewusst werden, wenn die Behandlung vorwiegend in der Einnahme von Tabletten zum Blutverdünnen, zur Senkung des Cholesterinspiegels usw. besteht? Im Allgemeinen bestärkt die Tatsache, dass das alleinige Einnehmen eines Medikamentes die Leiden zum Verschwinden bringt – und dies ohne, dass der Kranke sonst etwas dazu beiträgt oder etwas an seiner Lebensweise geändert hat –, ihn in der Annahme, dass es sich bei seiner Krankheit um einen Zufall handele.

Dass eine Creme ein Ekzem verschwinden lässt, ein Schmerzmittel Kopfweh oder ein entzündungshemmendes Medikament die Gelenkschmerzen, bedeutet für den Kranken, dass sein Leiden auf ebenso plötzliche wie auch mysteriöse Art verschwindet, wie es gekommen ist. Unter diesen Umständen ist es nicht mehr nötig, die auslösenden Ursachen der Krankheit herauszufinden und auf sie einzuwirken. Daraus verstärkt sich die Ansicht, dass der Zufall beim Auftauchen von Krankheiten einen Hauptanteil bilde.

Krankheiten entstehen jedoch nicht durch Zufall: Sie haben ganz bestimmte

Ursachen. Diese können weit zurück- und tiefliegend sein und erst durch das Verketten von Ursache und Wirkung zu einer offensichtlichen Krankheit werden.

Welches sind diese Ursachen?

Um diese zu entdecken, darf man sich nicht damit begnügen, seine Aufmerksamkeit auf die Symptome zu richten und sich nicht nur fragen, welches Heilmittel notwendig sei, sondern es ist unumgänglich, sich nach dem Warum der Krankheit zu befragen, seine Ursache zu ergründen, indem man zurückschaut in die Vergangenheit, um herauszufinden, was sich vor dem Erscheinen der Symptome ereignet hat. Oft ist es möglich, einen Zusammenhang zwischen Ursache und Wirkung zu finden, zwischen dem, was jemand die Tage vor dem Ausbruch der Beschwerden erlebt hat und der eigentlichen Krankheit selbst. Die einen haben sich überarbeitet, andere haben einen emotionellen Schock erlebt, der sie zutiefst erschüttert hat, andere waren in Kontakt mit, an infektiösen Krankheiten Leidenden.

Diese Ursachen sind jedoch nur die auslösenden Momente. Sie alleine können weder eine Krankheit erzeugen noch diese völlig erklären. Kälte kann keine Rheumatismuskrisis auslösen. Die Gelenkverletzungen, die das Rheuma ausmachen, wurden nicht durch Kälte hervorgerufen, da diese es nicht vermag, das Knochen- und Knorpelgewebe der Gelenke zu beschädigen, genauso wenig, wie sie imstande ist, Ablagen, welche die Bewegungen beinträchtigen – der »Sand« in den Gelenken – hervorzurufen.

Wenn die auslösenden Ursachen tatsächlich den Ursprung der Leiden wären, wie kann es denn sein, dass von zwei Personen, die denselben tiefen Temperaturen ausgesetzt waren, zum Beispiel während eines Spazierganges, die eine krank wird und die andere nicht? Oder dass von all denen, welche einen emotionalen Schock oder einen tiefen Schmerz erlitten, einige danach krank werden und andere nicht? Weshalb wird während einer Epidemie, während der die ganze Bevölkerung den infektiösen Keimen ausgesetzt ist, nur ein

Teil davon angesteckt? Die Tatsache, dass es solche Unterschiede der Empfänglichkeit Krankheiten gegenüber gibt, führt uns zu einer doppelten Erkenntnis: Erstens sind die auslösenden Ursachen nicht die eigentlichen Ursachen. Zweitens sind die eigentlichen Ursachen eher in unserem Inneren als außerhalb zu suchen.

Diejenigen, die sich über diese Tatsachen seit der ältesten Antike Gedanken gemacht haben, sind zur Erkenntnis gelangt, dass Krankheiten, was sie auch sein mögen, immer ein ganz bestimmter Zustand übergeordnet sein muss, damit sie sich entwickeln können. Dieser Zustand, welcher allen Krankheiten ausnahmslos gemein ist, ist ein geschädigtes organisches Milieu.

Das innere organische Milieu besteht aus der Gesamtheit der körperlichen Flüssigkeiten: dem Blut, der Lymphe und dem Zellserum. Diese Flüssigkeiten bilden die Umgebung unserer Gewebe und Organe. Unsere Zellen baden darin wie in einem großen inneren Ozean. Dieser Ozean ist ihre Nahrungsquelle, in welcher sie alle benötigten Nährsubstanzen (Aminosäuren, Vitamine, Mineralstoffe, usw.) schöpfen können, um zu funktionieren. Die organischen Flüssigkeiten sind auch ein Kommunikationsweg. Dieser wird für hormonelle Botschaften, die von einer Zelle zu der anderen übermittelt werden, benutzt. Die von den Zellen ausgeschiedenen Abfallstoffe – oder Toxine – gehen denselben Weg, um zu den Ausscheidungsorganen zu gelangen (Leber, Darm, Niere, Lunge und Haut).

Es existiert eine ideale Zusammensetzung der verschiedenen organischen Flüssigkeiten, welche den Zellen und dadurch gleichzeitig den Organen und dem ganzen Organismus, erlaubt, nicht nur richtig zu funktionieren, sondern auch verschiedenen Angriffen, die sie bedrohen könnten, zu widerstehen. Daraus geht hervor, dass jede quantitative oder qualitative Veränderung dieser idealen Zusammensetzung eine unheilvolle Wirkung auf die organischen Abläufe und deren Abwehrfähigkeiten hat, was über kürzere oder längere Zeit zu Krankheiten führt.

Die Zusammensetzung der organischen Flüssigkeiten und das innere Milieu können sich auf verschiedene Weise verschlechtern. Nennen wir die beiden Hauptgründe: Entweder fehlen dem Milieu für sein Funktionieren notwendige Substanzen (Vitamine, Spurenelemente usw.) oder es enthält Substanzen, die sich nicht in ihm befinden sollten (Gifte wie Merkur, Nikotin oder Blei) oder aber Substanzen, welche nur in ganz geringer Höhe vorhanden sein sollten (normale Toxine wie Harnstoff, Harnsäure oder Cholesterin). Im ersten Fall spricht man von Mängeln und im zweiten von Überlastung.

Der Grund, auf welchem sich die verschiedenen Krankheiten entwickeln, ist demzufolge ein, durch Mängel oder Überlastung beschädigtes Körpermilieu. Ein solches Milieu bildet die ideale Voraussetzung, damit sich eine Krankheit entwickeln kann. Wenn gewisse Menschen anfälliger für Krankheiten sind als andere, so deshalb, weil ihr Körpermilieu überlasteter oder mangelhafter ist – oder in gewissen Fällen beides gleichzeitig – als bei anderen.

Mängel führen zu Krankheiten, weil Nährstoffe fehlen und so die Zellen und Organe weder sich richtig bilden oder reparieren noch normal funktionieren können. Die Überlastungen machen krank, weil ihr Vorhandensein die Schleimhäute verschmutzen, die Organe blockieren, die Gewebe verstopfen, die Zirkulation hindern, den Austausch verlangsamen und die Zellen angreifen.

Abgesehen von den Schäden und Beschwerden, die direkt durch Mängel und Überlastung entstehen, führt ein verschlechtertes Milieu auch dazu, dass der Organismus viel empfindlicher auf äußere Angriffe reagiert, das heißt auf die auslösenden Ursachen wie Kälte, Stress, Mikroben usw.

Da Krankheiten durch die Verschlechterung des Milieus entstehen können oder ermöglicht werden, muss die Therapie auch auf das Milieu gerichtet sein, wenn man eine, in die Tiefe gehende, das heißt eine echte und andauernde Gesundung erreichen will. Die spezifischen und allein antisymptomatischen Behandlungen müssen nicht ausgeschlossen werden, denn sie können oft lindern oder dem Patienten eine schwierige Zeit überwinden helfen. Allerdings sind sie nicht ausreichend, um eine echte Gesundung herbeizuführen.

Der Begriff des Körpermilieus ermöglicht zu verstehen, dass Krankheiten sehr wohl eine Ursache haben, selbst wenn diese äußerlich nicht sichtbar ist. So ist das Körpermilieu in der Tat etwas Verstecktes, sein Zustand kann nur durch Kundgebungen an der Oberfläche – den Symptomen – oder durch Analysen erfasst werden.

Der Begriff des Körpermilieus erlaubt, sich einer wichtigen Tatsache bewusst zu werden: Die Ursachen können weit zurückliegen. Abgesehen von einer akuten Vergiftung, verschlechtert sich das Milieu nicht auf einmal. Es handelt sich immer um eine progressive Verschlechterung, welche Monate oder Jahre in Anspruch nehmen kann, bevor sie sich offenbart. Eine Krankheit erscheint somit nie plötzlich, wie dies die Erklärung durch den Zufall annehmen lässt. Ihr geht immer eine mehr oder weniger lange Zeit voraus, während der sich das Körpermilieu verschlechtert hat. Die Krankheit ist das Ergebnis eines krank machenden Prozesses. Man fängt sie nicht ein, sondern sie bildet sich im Innern. Das Erscheinen der ersten Symptome darf man also nicht als den Beginn der Krankheit, sondern das Ende des Verschlechterungsprozesses des Körpermilieus betrachten.

Die Ursache von Krankheiten ist folglich die Verschlechterung des Körpermilieus und die Auswirkungen, die von dieser Verschlechterung ausgegangen sind, die gelisteten Krankheiten, die wir durch die unterschiedlichen Symptome voneinander unterscheiden. In der Verkettung von Ursache und Wirkung stehen die Ursachen immer vor den Auswirkungen. Es ist nötig, darauf hinzuweisen, denn Auswirkungen und Ursachen werden oft von denen verwechselt, die von Zufall sprechen.

Bei einer Bronchitis werden die ausgeschiedenen Schlacken als das Ergebnis einer Infektion angesehen, wobei gerade das

Gegenteil der Fall ist: Das Vorhandensein von Schlacken hat die Infektion zugelassen. Genauso, wie ein krebsartiger Tumor nicht die organischen Abwehrkräfte vermindert und einen schlechten Allgemeinzustand herbeiführt, sondern es ist der schlechte Allgemeinzustand (das schlechte Körpermilieu), welcher das normale Funktionieren der Organe beeinträchtigt, die Immunabwehrkräfte vermindert und dem Tumor die Möglichkeit gibt, sich zu entwickeln. Beim Rheumatismus ist es nicht die Entzündung der Gelenke, welche zu Beschädigungen des entsprechenden Gelenkes führen oder die dieses durch Ablagerungen blockieren, sondern es sind die Ablagerungen von Toxinen, welche die Bewegungen der Gelenke blockieren und Verletzungen des Knorpelgewebes verursachen, was zu Entzündungen und rheumatischen Krisen führt.

Diese Verwirrung zwischen Auswirkung und Ursache zeigt sich auch in auffallender Weise bei den Behandlungen: Diese sind meistens anti-symptomatisch, das heißt, sie sind auf das äußerste Ende der Ereigniskette (die Auswirkungen) gerichtet und nicht auf die Ursachen der Ereignisse. Kommen wir auf die eben angeführten Beispiele zurück: Die infektiösen Keime in den Luftwegen werden abgetötet, ohne dass diese Luftwege von den Schlacken, welche, indem sie den Keimen ein günstiges Milieu zur Entwicklung boten, befreit werden. Der Tumor wird durch Medikamente oder eine chirurgische Operation entfernt, das Körpermilieu jedoch, welches seine Entwicklung erlaubt hat, wird nicht geändert. Bei der rheumatischen Krise werden entzündungshemmende und schmerzstillende Mittel angewendet, das Gelenk jedoch wird nicht von den Ablagerungen von Toxinen, welche die Ursache der Beschwerden bilden, befreit.

Die logische Verkettung von Ursache und Auswirkung – die Ursachen gehen den Auswirkungen immer voraus – hat zur Folge, dass eine bestimmte Auswirkung nicht erfolgen kann, ohne dass ihr die entsprechende Ursache vorausgeht. Konkret bedeutet dies, dass es nicht möglich ist, krank zu werden, wenn man ein inneres Körpermilieu besitzt, welches weder verschlackt ist noch unter Nährstoffmangel leidet! Diese Tatsache wurde gründlich bei einem Volk beobachtet und studiert, das, dank besonderer Umstände, sich in einem so völlig gutem Gesundheitszustand befindet, sodass seine Mitglieder sich nicht nur eines außerordentlichen physischen und psychischen Wohlbefinden erfreuen, sondern weder krank werden noch die allgemeinen Krankheiten der Menschheit wie Diabetes, Krebs, Herzinfarkt oder Rheumatismus kennen. Dieses Volk ist das Volk der Hunza, welches in dem Pamir-Massif, im Norden Indiens, lebt. Die Qualität des Körpermilieus der Hunza ist so gut, dass sie ebenfalls resistent sind gegen all die Infektionskrankheiten, welche im Orient verbreitetet sind. Bedingt durch seine große Vitalität und Resistenz, wurde dieses Volk "das Volk, das keine Krankheiten kennt« genannt.

In einem anderen Gebiet wurde festgestellt, dass es ausgesprochen schwierig – sogar unmöglich – ist, infektiöse Krankheiten zur Testung von Medikamenten auf in Labors verwendete Tiere zu übertragen, wenn diese Tiere, Affen zum Beispiel, aus ihrem originalen Umfeld ankommen. Ihr Gesundheitszustand und ihre Abwehrkräfte müssen zuerst durch antiphysiologische Vorgehen vermindert werden, wie eine unangemessene Ernährung, das Einnehmen von medikamentösen Cocktails, indem sie Stress (Lärm, Kälte, usw.) ausgesetzt werden, damit sich ihr Körpermilieu genügend verschlechtert, um empfänglich auf die übertragenen Mikroben zu werden.

Dieses traurige Beispiel zeigt, dass Krankheiten nicht durch Unglück oder Zufall entstehen und dass die Angst, eine Krankheit könnte uns plötzlich und grundlos »überfallen«, unbegründet ist.

Die ständige Angst vor einer Krankheit ist den Menschen zu eigen, die glauben, dass Krankheiten zufällig erscheinen. Der Zufall ist tatsächlich unvorhersehbar und dessen Pläne können somit nicht abgewendet werden. Dem Zufall gegenüber ist man machtlos und so der erstbesten Krankheit ausgeliefert. Diese Angst jedoch hat keine Berechtigung, da der Zufall nicht die Ursache der Krankheiten ist. Im Grunde wissen wir das genau. Sind wir erkrankt, so spüren wir manchmal – ohne es erklären zu können –, dass »dies so kommen musste«, dass »es gar nicht anders möglich war« oder auch, dass »es sich nur um eine gerechte Folge« handelt. Selbst wenn wir revoltierend ausrufen: »Was habe ich denn getan, um dies zu verdienen!«, geben wir zu, dass die Krankheit nicht durch Zufall entstanden ist, sondern dass wir etwas getan haben müssen, um die Krankheit, die uns befällt, zu »verdienen«.

* * *

Was tun wir, um krank zu werden? Inwiefern sind wir verantwortlich für unsere Krankheiten und Leiden?

Krankheit und Verantwortung

Heutzutage nimmt der Zufall in unserem Krankheitskonzept einen so großen Platz ein, dass für die Verantwortung keiner übrig bleibt.

Um für etwas verantwortlich gemacht zu werden, muss man dies verursacht haben oder wenigstens damit in Verbindung stehen. Nun lässt der Zufall keine Ursachen zu, was demnach auch die eigene Verantwortung ausschließt. Die praktische Folge ist, dass eine eventuelle Verantwortung bei Krankheiten nicht in Betracht gezogen wird. Eine Frage wie: »Sind Kranke für ihre Leiden verantwortlich?«, wird nicht gestellt.

Sicher könnte man darauf antworten, dass mit den heutigen wissenschaftlichen Kenntnissen niemand mehr an den Zufall glaubt und dass man der Annahme zustimmt, dass Krankheiten Ursachen haben. Diese Ursachen sind uns gut bekannt: bakterielle Infektionen, Mangel an Enzymen, Schwäche der Drüsenfunktion usw. Jedoch werden sie alle vom Kranken als etwas Außenstehendes und Unabhängiges betrachtet. Außerdem hindert die Kenntnis dieser Ursachen ihn nicht daran, zu glauben, dass es dennoch der Zufall war, der seine Krankheit ausgelöst hat und dass er selbst »nichts dafür könne«.

Diese Ansicht ist so sehr in uns verankert, dass es niemandem in den Sinn kommen würde, jemals einem Kranken einen Vorwurf zu machen. Wenn er krank ist, so kann er nichts dafür. Er wird im Gegenteil bedauert und als Opfer angesehen. Der Kranke selbst zeigt in seiner Haltung, dass auch er sich nicht besonders verantwortlich fühlt. Er begreift nicht, was seine Übel ausgelöst hat und fragt sich, warum gerade er es ist, der krank wurde. Diese Frage bildet gewöhnlich weniger den Anfang einer Suche nach möglichen Ursachen als ein Vorwurf dem blinden Schicksal gegenüber, das ihn niederdrücke. Warum er und nicht ein anderer, da es der Zufall war, der dies bestimmte?

Sind Kranke nun verantwortlich für ihre Leiden oder nicht?

Die Ursache von Krankheiten ist die Verschlechterung des Körpermilieus. Es sind nicht, wie man es allgemein annimmt, die auslösenden Faktoren, wie beispielsweise Mikroben oder Kälte. Die Verschlechterung des Körpermilieus entsteht jedoch nicht zufälligerweise: Sie hat Ursachen. Wenn man herausfindet, was diese verursacht, so kann man auch mit Gewissheit sagen, was dafür verantwortlich ist.

Wie verschlechtert sich nun das Körpermilieu?

Die Hauptursache ist die Verschlechterung durch Anhäufung von Toxinen. Die Toxine sind Abfallprodukte des Stoffwechsels: Harnstoff, Harnsäure und Kreatinin, welche aus der Verarbeitung der Proteine entstehen; das Cholesterin und die ungesättigten Fettsäuren aus den Fetten; die verschiedenen Säuren, die das Ergebnis des Abbaus des Industriezucker sind usw.

Dazu kommen Schadstoffe, welche Nahrungsmitteln beigefügt werden wie gewisse Antioxydierungs- und Konservierungsmittel, Farbstoffe, Geschmacksverstärker, Stabilisatoren usw. Gifte aus der Luft- und Bodenverschmutzung, sowie gewisse chemische Produkte, welche zur Behandlung der Kulturen verwendet werden, dringen ebenfalls mit den Nahrungsmitteln in unseren Körper ein, zusätzlich zu den schädlichen Stoffen diverser Drogen (Kaffee, Tabak, Alkohol ...), zahlreicher Medikamente und Impfungen.

Die wichtigste Quelle der Toxine ist die Nahrung selbst. Gerade unsere Nahrungsmittel enthalten Substanzen, die unser Körpermilieu überlasten.

Die zweitgrößte Ursache der Verschlechterung unseres Milieus ist der Mangel an, für den Körper unentbehrlichen Nährstoffen. Die Rolle der Mängel bei dem Auftreten von Krankheiten wird immer bekannter und beschränkt sich nicht, wie man das früher annahm, auf einige typische Krankheiten wie den Skorbut (Vitamin C-Mangel) oder Beriberi (Mangel an Vitamin B). Die moderne Forschung bestätigt, dass jeder, dem Organismus fehlende Nährstoff eine

Reihe von bestimmten Beschwerden auslöst und dass schwere Krankheiten wie Krebs oder Multiple Sklerose zu einem großen Teil durch das Fehlen ganz bestimmter Vitamine und Mineralstoffe bedingt sind. Wie wir es eben bei den Belastungen gesehen haben, so ist auch das Problem der Mängel vorwiegend ernährungsbedingt. Die Nahrungsmittel, die wir zu uns nehmen, enthalten oder missen Nährstoffe, die unser Körper benötigt.

Neben der Überlastung und der Mängel bildet das gestörte Funktionieren der Organe eine weitere Ursache der Verschlechterung des Körpermilieus. Diese Störungen erfolgen jedes Mal, wenn ein Organ seine Aufgabe nicht richtig erfüllt. Sei dies, weil sich seine Tätigkeit zu langsam oder im Gegenteil zu schnell vollzieht, oder es auf unkontrollierte Weise zwischen den beiden Extremen schwankt. Solche Störungen sind nervösen oder hormonellen Ursprunges. Die beiden großen Kappellmeister, welche über ein harmonisches Funktionieren der verschiedenen organischen Funktionen wachen, sind das Nerven- und das Hormonsystem. Diese beiden werden stark von unseren emotionalen Stimmungen, Stress, Sorgen usw. beeinflusst, wie dies die psychosomatische Medizin gezeigt hat. Aufgrund dieses Einflusses kann sich unser Körpermilieu verschlacken oder Mängel aufweisen, verursacht nur durch Störungen unserer psychischen Stimmung. Mängel erscheinen durch eine weniger gute Assimilation oder durch übertriebene Verbrennung gewisser Nährstoffe. Toxine häufen sich an als Folge einer erhöhten Abfallproduktion oder durch Spasmen, welche die normale Tätigkeit der Ausscheidungsorgane hindern.

Die drei Faktoren, welche den Organismus in eine, für den Ausbruch einer Krankheit günstige Situation bringen, sind also die Belastung durch Toxine, Mangel an Nährstoffen und organische Störungen. Um nun herauszufinden, wer für die Krankheiten verantwortlich ist, müssen wir uns fragen, wer es für diese drei Faktoren ist. Anders ausgedrückt: Wer ist verantwortlich dafür, dass das Körpermilieu mit Toxinen überlastet ist, wer dafür, dass sich Mängel bilden und organische Störungen auftreten? Sind es die Nahrungsmittel selbst? Die Genussmittel? Drogen? Medikamente? Nein, der Körper? Auch nicht!

Weder die Nahrungsmittel noch der Körper können verantwortlich gemacht werden, da sie nicht fähig sind, eine Entscheidung zu treffen. Jemand, der selbst nichts entschieden hat, kann dafür auch nicht verantwortlich gemacht werden. Verantwortung ist nicht zu trennen von Entschlussfähigkeit.

Der Körper wirkt auf vorherbestimmte und unabänderliche Weise: Das Herz schlägt, die Nieren filtern, der Verdauungstrakt verdaut, die Drüsen scheiden aus, die Nerven übermitteln usw. Der Körper kann nicht entscheiden, anders als vorgesehen zu funktionieren. So kann das Immunsystem weder beschließen zu streiken noch die Lungen veranlassen, keinen Sauerstoff aufzunehmen oder das Blut nicht mehr kreisen lassen zu wollen. Zudem ist der Körper voll darauf eingestellt, Leben und Gesundheit zu erhalten und nicht auf dessen Zerstörung. Er ist es, der uns mitteilt, wovor wir uns hüten müssen (Abneigung gegen gewisse Nahrungsmittel), was essen (Gelüste), wann essen (Hunger) und wann aufzuhören mit dem Essen (Sättigung). Der Körper kann die verschiedenen Abläufe dirigieren, synchronisieren und harmonisieren. Er vermag gegen Angreifer (Mikroben, Gifte) anzukämpfen und sich zu »reparieren«, nachdem er sich verletzt hat. Wenn die Schlacken die Zellen ersticken, so löst er Ausscheidungskrisen aus, welche den Organismus befreien (Husten, Erbrechen, Durchfall, Schwitzen usw). Wenn Nährstoffmängel sein Gleichgewicht bedrohen, löst er Gelüste nach bestimmten Nahrungsmitteln aus. Braucht er Ruhe, so macht er müde und schläfrig.

Funktioniert der Körper schlecht, dann nicht, weil er mangelhaft gebaut ist oder mit einer fehlenden inneren Logik, da er sich sonst schon lange selbst zerstört hätte. Funktioniert er schlecht, so auch nicht, weil er selbst falsche Entscheidungen getroffen hat, sondern weil er in Situationen gebracht wird, die ihn daran hindern, seine

Arbeit normal zu vollziehen: Mangel an Ruhezeit, Überlastung der Verdauung und des Nervensystems, langsame Vergiftung durch Tabak, Alkohol, Medikamente oder Drogen, ungenügend Bewegung, zu große Nervenanspannung, mangelhafte Ernährung, unnatürlicher Lebensrhythmus, alles Dinge, welche von uns selbst abhängen!

So sind wir es, die sich für eine Überernährung entscheiden, zu ungenügender Bewegung, dazu, uns mit Tabak anzuregen oder mit Alkohol zu beruhigen, Reizmittel einzunehmen, anstatt uns auszuruhen, unsere Nahrungsmittel zu raffinieren und diese zu uns zu nehmen, obwohl sie mangelhaft sind, unsere Kulturen mit gefährlichen Pestiziden zu vergiften, die Luft, welche wir atmen, zu verschmutzen, unsere Nahrungsmittel mit Zusatzstoffen zu denaturieren, uns mit Substanzen zu pflegen, die für die Gesundheit des Körpers ungünstig sind, statt auf natürliche Methoden zurückzugreifen.

Da wir es sind, die entscheiden, auf welche Weise wir unseren Körper benutzen, so sind wir es ebenfalls, die für die Verschlechterung des Körpermilieus und demnach das Auftreten von Krankheiten verantwortlich sind. Wir sind nicht die Opfer einer äußeren Fatalität, sondern die Urheber unserer Übel. Wir sind keine passiven Zuschauer, sondern aktiv Mitwirkende bei dem Entstehen von Krankheiten.

Wenn diese Ansicht noch relativ gut akzeptiert werden kann für Krankheiten wie Magengeschwüre, Ekzeme oder Rheumatismus, wie steht es denn mit den infektiösen Erkrankungen während einer Epidemie? Handelt es sich hier nicht um ein typisches Beispiel von durch Zufall ausgelöste Krankheiten, wofür wir nicht verantwortlich sind?

Früher hat man dies angenommen und alles Mögliche versucht, diese Krankheiten abzuweisen: durch das Tragen von Talismanen, Anrufungen, Opferbringen usw. Die Kenntnis von der Existenz des Körpermilieus jedoch zeigt, dass auch da der Zufall nicht beteiligt ist.

Wenn bei infektiösen Krankheiten die Hauptrolle den Mikroben zufallen würde, so gäbe es schon lange keinen einzigen Menschen mehr auf dem Erdball! Die zahlreichen tödlichen Epidemien wie Cholera, Pest und Grippe, welche sich zu verschiedenen Zeiten verbreitet haben, waren mörderisch genug, um die ganze Menschheit zu vernichten. Jedoch wurde aufgrund solcher Epidemien jeweils nur ein Teil der Bevölkerung getroffen und ist der Krankheit erlegen. Dieser Teil konnte sehr groß sein, bis zu zwei Drittel der Bevölkerung! Dennoch, ein Teil blieb unweigerlich unversehrt, nicht, weil diese Personen nicht angesteckt wurden, sondern weil ihr Organismus den Mikroben nicht erlaubte, sich zu entwickeln und schädliche Wirkungen zu entfalten. Ihr Organismus war ganz einfach nicht empfänglich für die Infektion, da er keine günstigen Bedingungen für die Mikroben bot.

Diese Abwehr, Infektionen gegenüber, ist durch die Qualität des Körpermilieus bedingt. »Die Mikrobe ist nichts, das Milieu ist alles«, heißt ein berühmtes Sprichwort.

Infektionskrankheiten sind demnach abhängig von der Empfänglichkeit des Körpermilieus, das von uns abhängig ist. Die Möglichkeit, von einer infektiösen Krankheit angesteckt zu werden, obliegt somit ebenfalls unserer Verantwortung.

Die Verantwortung des Menschen dem gegenüber, was ihn treffen könnte, wird jedoch oft stark bestritten. Die Kritiker führen an, dass der Mensch keinen freien Willen habe, also nicht völlig frei entscheiden könne. Diese Freiheit ist in der Tat unumgänglich, da wir nicht für etwas verantwortlich gemacht werden können, das wir nicht selbst entschieden haben. Sei dies, weil jemand anderes die Entscheidung traf oder weil wir zu einer Entscheidung gedrängt wurden, die wir gar nicht wirklich wollten. Denn wird uns eine Entscheidung von außen aufgedrängt oder beeinflusst, ist sie nicht frei. Die Folgen können nicht jemanden zugesprochen werden, der zu etwas gedrängt wurde.

Gibt es nun nicht eine große Menge sozialer, wirtschaftlicher, kultureller, beruflicher oder familiärer Beeinflussungen, welche die Art bestimmen, wie wir leben und uns ernähren und demnach auch die Eigenschaften unseres Körpermilieus bestimmen?

Doch gibt es nicht verschiedene Temperamente oder physiologische Bedingungen, das heißt verschiedene Arten von Körpermilieu, welche, alle gesund, jedoch unterschiedlich empfänglich für Krankheiten und Mikroben sind? Dieser Unterschied der Empfänglichkeit, die ein bestimmtes Milieu viel anfälliger für gewisse Mikroben als ein anderes macht, sind nicht erworbene Schwächen, sondern schon vorhandene. Sie sind nicht von den Entscheidungen der betreffenden Person abhängig, sondern von den Eltern vererbt. Kann man also immer noch von Verantwortung sprechen, da es keine mögliche Wahl betreffend der Temperamente oder den Grundbedingungen des Milieus gab? Hier stellt sich die Frage der Erbkrankheiten und gleichzeitig der des Schicksals. Entweder sind wir es, die unser Schicksal schmieden und, was auf uns zukommt, leiten und das Schicksal im Sinne einer blinden Fatalität existiert nicht. Oder die Ereignisse vollziehen sich durch Zufall oder auf eine vorherbestimmte Weise und wir sind nicht verantwortlich. Die Frage des Schicksals führt uns zur Frage, ob der Mensch über einen freien Willen verfügt oder nicht.

Haben wir einen freien Willen?

In unserem täglichen Leben treffen wir ununterbrochen Entscheidungen, die unseren Alltag bestimmen. Indem wir diese Entscheidungen treffen, haben wir ganz klar den Eindruck, dass wir unser Leben selbst bestimmen.

Wenn wir jedoch auf das zurückschauen, was wir alles erlebt haben, verschwindet der Eindruck, dass wir es sind, die die Geschehnisse leiten, sehr schnell. Es haben sich gewisse Ereignisse vollzogen, so wie wir das wollten und vorhergesehen haben. Doch wie viele schmerzliche Erfahrungen hätten wir lieber nicht erlebt! Wie viele Momente unseres Lebens waren genau das Gegenteil dessen, was wir uns wünschten oder sehr weit entfernt von dem, was wir geplant hatten!

Bei gewissen Dingen haben wir den klaren Eindruck, dass wir sie meistern, bei anderen hingegen empfinden wir uns eher als Opfer und fühlen uns als Spielball der Ereignisse. Man kann sich daher berechtigterweise fragen, ob der freie Wille des Menschen tatsächlich existiert. Die Fragen nach dem freien Willen sind eng mit der Suche nach seinem Sitz verbunden. Wenn ein freier Wille existiert, wo befindet er sich? Im Gehirn? Für die Mehrheit der Menschen besteht kein Zweifel daran, dass das Zentrum unseres Willens und unserer Entschlüsse sich im Gehirn befindet und demzufolge auch der freie Wille.

Wenn man über das Funktionieren der intellektuellen Fähigkeiten nachdenkt, wird jedoch eines klar: Das Gehirn kann nicht der Sitz des freien Willens sein, da es ganz klar beeinflusst ist, was es folglich daran hindert, unbeeinflusste Entscheidungen zu treffen.

Zu Beginn unseres Lebens enthält unser Gehirn noch nichts. Es ist ein neues Werkzeug, welches durch Informationen im Laufe des Lebens gespeist wird. Diese Informationen gelangen über die fünf Sinne zu ihm. Sie werden im Gedächtnis aufbewahrt und der Intellekt kann sie verarbeiten, indem er sie verbindet. Genau wie ein Computer, kann das Gehirn nur Informationen, die es erhalten hat, ordnen, sichten und kombinieren. Von sich aus ist es unfähig, eine völlig neue Information zu schaffen, die nicht das Ergebnis vom Mischen oder Schlüsse-Ziehen von schon vorhandenen Elementen ist.

Diese, im Gehirn gespeicherten Informationen, sind notwendigerweise von einem Menschen zum anderen verschieden, entsprechend seiner Erziehung, seiner Nationalität, der Schulen, die er besucht hat, des Berufs, den er ausübt, den Zeitungen, die er liest, den Radio- oder Fernsehsendungen, die er verfolgt, der Werbung, welche ihm begegnet, seinen Freunden, der politischen Partei, welcher er angehört, und so weiter.

Diese Beispiele zeigen, dass das Gehirn nicht fähig ist, eine unbeeinflusste Entscheidung zu treffen, da alle Überlegungen durchtränkt und beeinflusst sind von Ideen, Konzepten und Ansichten, die von außen kommen.

Um eine vollkommen freie Entscheidung zu treffen, ist es notwendig, dass das Zentrum der Entscheidung fähig ist, sich nach Kriterien zu richten, die aus dem Innern stammen und nach eigenen Werten ausgerichtet sind. Das Gehirn jedoch, bedingt durch seine Funktionsart, wird diesen Kriterien nicht gerecht. Deshalb sind viele Menschen der Ansicht, dass der freie Wille nicht existiert.

Ein weiterer Grund, weshalb das Gehirn nicht der Sitz des freien Willens sein kann, ist, dass sein Funktionieren ebenfalls abhängig ist von unserem Gesundheitszustand, unserer Ernährungsweise, den Medikamenten, die wir einnehmen, dem Stress, der Jahreszeit, um diejenigen zu nennen, welche anerkannt sind, da es noch andere Einflüsse gibt, welche angezweifelt werden, wie beispielsweise die der Sterne.

Wenn sich der freie Wille nicht im Gehirn befindet, wo denn sonst? Da es im Körper kein Organ gibt, welches vollkommener und edler ist als das Gehirn, muss man den freien Willen anderswo suchen, jedoch nicht auf materialistische Weise, wie dies gewöhnlich für den modernen Menschen der Fall ist. Denn suchen wir auf eine Art, die ausschließlich die Materie in Betracht zieht, so können wir den freien Willen nur in einem der Organe unseres Körpers finden.

Nun gibt es ein Element unserer Persönlichkeit, welches nicht materiell ist und das wir schon lange kennen. Sowohl die großen Religionen als auch alte Texte der Medizin, wie beispielsweise Hippokrates, sprechen davon. Dieses Element ist der Geist – im Sinne von Seele – des Menschen. Der Geist, welcher aus dem geistigen Reich oder Paradies stammt, ist nicht von gleicher Art wie der physische Körper. Er ist aus den Materialien der geistigen Ebene geschaffen, während der physische Körper mit der Materie aus dem Irdischen gebaut ist. Ein großer Wesensunterschied besteht zwischen den beiden. Bedingt durch diesen Unterschied, muss der Geist, wenn er sich auf der Erde aufhält, ein Kleid oder Werkzeug überziehen, welches ihm erlaubt, mit seiner Umwelt Kontakt aufzunehmen und in ihr zu wirken. Dieses Werkzeug ist der physische Körper. So inkarniert sich der Geist in einem Körper, er ist jedoch nicht der Körper. Er ist auch nicht das Gehirn.

Bedingt durch seinen Ursprung, entgeht der Geist jeder sozial-kulturellen Beeinflussung, der das Gehirn unterliegt. Er vermag somit unbeeinflusste, also freie Entscheidungen zu treffen. Der freie Wille befindet sich demnach im immateriellen Geist des Menschen.

Das Ausmaß dieser Entscheidungsfreiheit des Menschen ist leichter zu erfassen, wenn man sie mit der von Jemandem vergleicht, der über keinen freien Willen verfügt, wie beispielsweise die Tiere. Diese besitzen ebenfalls einen belebenden immateriellen Kern: die Tierseele, jedoch haben sie keinen freien Willen.

Beim Tier ist die Aktion immer eine Antwort auf ein, von seiner Umwelt oder dem Körper kommendes Stimuli, wohingegen diese beim Menschen auch das Ergebnis eines tieferen Wünschens sein kann. Tiere entwickeln sich, weil ihre Umwelt sie dazu drängt, wohingegen der Mensch sich auch entwickeln kann, weil er es wünscht und dies unabhängig von seiner Umwelt und oft auch dieser entgegen gerichtet.

Das Verhalten der Tiere ist angeboren. Die Art in verschiedenen Situationen zu reagieren, ist bestimmt. Einem besonderen Ereignis gegenüber sind mehrere Reaktionen möglich. Tiere können eine davon auswählen, jedoch können sie nicht eine andere als die, ihrer Art zugehörigen, treffen. Einen Feind beißt ein Hund oder er flieht, er kann ihn jedoch nicht mit seinem Kopf schlagen, wie das eine Ziege oder ein Widder tun würde! Denn er verfügt über keinen freien Willen.

Löwen sind Fleischfresser, befinden sie sich jedoch in Gefangenschaft, so ist es möglich, sie nach und nach auf eine vegetarische Ernährung mit Getreide und Gemüse umzustellen. Von sich aus jedoch, können sie sich nicht dafür entscheiden. Weil der Mensch über einen freien Willen verfügt, kann er seine Ernährungsweise komplett umstellen und sogar eine, für ihn ganz ungeeignete, naturwidrige Diät annehmen. Er kann es, weil er sich frei entscheiden kann. Ob es gut für ihn ist, ist dabei eine andere Frage! Jedoch ist er verantwortlich für die unheilvollen Konsequenzen dieser antiphysiologischen Ernährungsweise, da er es ist, der sie gewählt hat, im Gegensatz zum Löwen, welchem sie aufgezwungen wurde.

Tiere werden für ihr Tun nicht zur Verantwortung gezogen, was völlig logisch ist, da sie über keinen freien Willen verfügen. Die Fähigkeit, einen absolut freien Entschluss zu fassen, ist eine der notwendigen Voraussetzungen für eine persönliche Verantwortung. Es gibt noch eine zweite. Sie besteht darin, dass sich jemand alle möglichen Folgen bewusst macht.

So ist es unumgänglich, dass wir auf irgendeine Weise die Konsequenzen unserer Entscheidungen vorhersehen können, um uns bewusst zu werden, was daraus resultieren kann. Demnach sind also Zufall und freier Wille zwei Dinge, die nicht zusammengehören, da der Zufall die Ereignisse ohne jede Logik und unvorhersehbar vollziehen lässt. Sie erscheinen grundlos und verschwinden ebenso wieder. Sie vollziehen sich nicht unbedingt auf gleiche Weise wie in der Vergangenheit. Mit dem Zufall wird das Unmögliche möglich: ein Stein in die Luft geworfen, kann einmal zu Boden fallen, ein anderes Mal zum Himmel fliegen! Würde der Zufall die Geschehnisse bestimmen, so wären wir der Unvorhersehbarkeit der Ereignisse und deren ständigen Änderungen ausgeliefert. Verantwortung ist nur möglich in einer Welt, wo die Ereignisse sich in einer bestimmten Ordnung vollziehen, mit einem feststehenden Ablauf und nach einer unwandelbaren Gesetzmäßigkeit, die erlaubt, Ereignisse vorherzusehen und uns so die Möglichkeit schenkt, sich den Umständen anzupassen und mit Weisheit zu handeln. Die Existenz der Gesetze erlaubt uns, eine Menge Dinge zu verstehen, welche sonst geheimnisvoll bleiben würden. Die Beziehungen zwischen Ereignissen werden klar und ermöglichen uns, das Leben neu zu betrachten. Aber, was ist eigentlich ein Gesetz?

Was ist ein Gesetz?

Wenn wir die, uns umgebende Natur beobachten, so ist es leicht zu erkennen, dass sich die Naturphänomene nicht irgendwie vollziehen, sondern im Gegenteil, auf regelmäßige und immer gleichbleibende Weise: Die Jahreszeiten folgen immer in derselben Reihenfolge, die Planeten vollziehen genaue Bahnen, jede Pflanze wächst auf ihre Weise zu einer ganz bestimmten Zeit.

Diese Regelmäßigkeit zeigt klar, dass diese Phänomene unabänderlichen Regeln unterliegen. Diese Regeln sind das, was man ein Gesetz nennt. Die Gesetze sind somit gleichbleibende Regeln, denen, die sich in der Schöpfung vollziehenden Phänomene untergeordnet sind.

Die Folgen zahlreicher Gesetze sind uns gut bekannt. Es sind diese offensichtlichen Tatsachen, welche so logisch sind, dass man, wird man darauf hingewiesen, nur feststellen kann: »Natürlich, das ist doch selbstverständlich!«

Es ist logisch, dass wir unser Haus nicht im dritten Stock durch das Fenster verlassen, ebenso wenig, wie wir ein Glas neben dem Tisch abstellen. Wir erwarten auch nicht, dass wir Weizen ernten, wenn wir Hafer gesät haben.

Diese Tatsachen sind für uns selbstverständlich. Deshalb vergessen wir, dass es eine vorgegebene, unwandelbare Ordnung gibt, in der diese Phänomene ablaufen.

Es gibt einen großen Unterschied zwischen den Naturgesetzen und den, von den Menschen, zur gesellschaftlichen Regelung aufgestellten Gesetzen. Menschliche Gesetze werden oft abgeändert oder durch neue ersetzt, während die Naturgesetze immer gleich bleiben und keine Änderungen erfahren. Außerdem sind die menschlichen Gesetze gewöhnlich nur der Ausdruck von Wünschen: Sie zeigen eine Richtlinie, die jeder, um einen harmonischen gesellschaftlichen Ablauf zu gewähren, respektieren sollte. Sie sind jedoch keine zwingende Realität, wie dies bei den Naturgesetzen der Fall ist.

Zu den menschlichen Gesetzen gehört beispielsweise die Verkehrsordnung. Der zufolge muss man in den meisten Ländern auf der rechten Straßenseite fahren, um Zusammenstöße zu vermeiden. Jedoch ist genauso gut möglich, links zu fahren, wohingegen es ganz und gar ausgeschlossen ist, gegen das Gesetz der Schwere anzugehen, welches will, dass ein Gegensand, der losgelassen wird, fällt, bis er einer gleichen oder größeren Dichte begegnet. Die Tatsache, dass der Gegenstand fällt, ist kein Wunsch in Gesetzesform, sondern die Beschreibung einer erzwungenen, obligatorischen und unumgänglichen Realität.

Die Naturgesetze drücken aus, wie die Dinge tatsächlich sind und nicht, wie wir sie gerne hätten. Sie spiegeln eine äußere Realität, die man nicht aussuchen kann, die uns aufgezwungen wird und mit der man rechnen muss.

Die Naturgesetze der einzelnen Phänomene sind zahlreich. Es gibt sogar eine ganze Menge Gesetze, die man Einzelgesetze nennen könnte, da jedes davon etwas

Besonderem zugeschrieben werden kann. Wenn man diese mit etwas Abstand betrachtet, erkennt man, dass viele dieser Einzelgesetze im Grunde nur einen gleichen und einzigen Prozess, in Form eines Allgemeingesetzes, ausdrücken. Die Anzahl der Einzelgesetze kann so auf eine beschränkte Zahl großer Prinzipien, denen das Funktionieren der Schöpfung unterliegt, zurückgeführt werden.

Ob ein ins Leere losgelassener Gegenstand fällt, ein Fels zu schwer ist, um in der Luft zu schweben oder ein Korken im Wasser zur Oberfläche emporsteigt: Dies alles sind Einzelfälle, die dem großen Allgemeingesetz der Schwere unterliegen. So verursacht dieses Gesetz, dass ein Gegenstand sich nach oben oder nach unten begibt, bis dass er eine gleiche Dichte wie seine eigene erreicht. Etwas, in der Luft Losgelassenes, fällt auf den Boden, der die gleiche Dichte aufweist. Der Korken jedoch, den man in der Tiefe des Wassers loslässt, steigt nach oben, da seine Dichte geringer ist als diejenige des Wassers. Er fliegt aber nicht in die Luft, da seine Dichte zu groß ist. Wie erkennt man ein Gesetz? Menschliche Gesetze sind in Büchern aufgeschrieben, die Naturgesetze jedoch müssen durch die Beobachtung unserer Umwelt entdeckt werden.

Betrachten wir als Erstes die Einzelgesetze unter Beobachtung unseres Körpers und erkennen, wie wir daraus Allgemeingesetze der Schöpfung ableiten können. Natürlich ist die Beobachtung der Organfunktionen nicht die einzige Möglichkeit. Da die Allgemeingesetze große Prinzipien sind, welche die Schöpfung regieren, kann man sie entdecken, indem man irgendeinen Teil der Natur beobachtet: Pflanzen, Felsen, Atome, Himmelskörper usw.

Das Funktionieren unseres Organismus ist ein Prozess, der sich in drei Phasen vollzieht: Als Erstes erhält der Körper die Energien, deren er bedarf; zweitens verarbeitet er diese, um sie nutzbar zu machen; drittens gibt er sie wieder in Form von verbrauchter oder nicht zu nutzender Energie (Abfallstoffe) ab. Die erste Phase der Energiezufuhr ist unumgänglich, denn wir besitzen in uns nicht alle Energien, die wir in unserem Leben benötigen. Dies sind die Luft, die wir atmen, das Wasser, das wir trinken, und die Nahrungsmittel, die wir zu uns nehmen. Diese Energien dringen durch die Atemwege und den Verdauungstrakt in uns ein. Man könnte noch die Haut hinzufügen, denn in einem gewissen Sinne »atmet« auch sie und assimiliert sogar Substanzen, mit denen sie in Kontakt kommt, wie zum Beispiel Mineralstoffe in den Thermalbädern.

Die zweite Phase der organischen Funktionen besteht in der Umwandlung der Energien, die in den Körper eingedrungen sind. Außer der Luft und dem Wasser, welche praktisch so, wie sie sind, genutzt werden können, müssen die anderen Energien – das heißt alle Nahrungsmittel, die wir zu uns nehmen – umfassenden Umwandlungen unterzogen werden, bevor der Körper sie verwerten kann. Brot zum Beispiel kann nicht direkt ins Blut und dann zu den Zellen gelangen, es muss vorher bis auf genügend kleine Teilchen zerkleinert werden. Diese Umwandlungen vollziehen sich im Verdauungstrakt, dessen Aufgabe darin besteht, Nahrungsmittel mit Hilfe von mechanischen (Kauen, Brassen durch den Magen, Darmperistaltik) und chemischen Prozessen (Spaltung von Molekülen, durch in den Verdauungssäften enthaltenen Enzyme) in immer winzigere Teilchen aufzuspalten. Die Stärke des Brotes besteht aus langen Ketten von Glukose-Molekülen. Jede dieser Kette kann aus bis zu Tausend Molekülen bestehen. Während der Verdauung werden diese langen Ketten in kürzere, von ungefähr hundert Molekülen, geteilt, dann werden auch diese Ketten geteilt, bis nur noch Einzelmoleküle von Glukose übrigbleiben. Dasselbe vollzieht sich mit den Proteinen, die in Aminosäuren aufgeteilt werden, und den Fetten, in Fettsäuren. Erst in dieser einfachen Form können die Nährstoffe assimiliert und den Zellen, wo sie verwendet werden, zugeführt werden.

Während der dritten Etappe verlassen die Energien den Körper auf zwei Arten: Einerseits, indem sie verausgabt werden: innerlich zum Funktionieren des Organismus (Herzkontraktionen, Wärmeproduktion usw.) und äußerlich für die Aktivitäten des

Alltags (Fortbewegung, arbeiten usw.). Andererseits, indem sie durch die Ausscheidungsorgane in Form von Abfallstoffen ausgeschieden werden. Diese Abfallstoffe sind nicht benutzbare (die harte Zellulose des Getreides) oder nicht benutze Energien (nicht eingelagerter Nahrungsmittelüberschuss). Sie stammen auch aus, durch die Verbrennung entstehenden Schlacken (die »Asche« des organischen Motors) oder solchen aus dem Zellstoffverbrauch (Abfälle und Zellkadaver).

Damit wir uns einer guten Gesundheit erfreuen können, ist es notwendig, dass sich jede dieser Phasen richtig vollzieht: Die Nahrungsmittelzufuhr muss qualitativ und quantitativ den Umwandlungsmöglichkeiten des Verdauungstraktes entsprechen, die Verdauung und Assimilation muss vollständig und richtig vor sich gehen, die Verausgabung muss im Gleichgewicht mit der Zufuhr sein und alle anfallenden Abfallstoffe müssen rasch ausgeschieden werden.

Diese drei Etappen vollziehen sich in enger gegenseitiger Abhängigkeit: Wenn die

Quantität der Nahrungsmittel zu groß ist (1. Etappe), so vollzieht sich die Verdauung schlecht (2. Etappe), und wenn die Nahrungsmittel schlecht verarbeitet sind (2. Etappe), so fehlt es an Energie für die Verausgabung (3. Etappe) oder die Anzahl der Abfallstoffe, die daraus entsteht, übersteigt die Ausscheidungsmöglichkeiten der Ausscheidungsorgane (3. Etappe).

Diese Abhängigkeit ist nicht nur in der Reihenfolge der Etappen wirksam, sondern auch im umgekehrten Sinne: Bei jemandem, der wenig Bewegung hat (3. Etappe), vermindert die ungenügende Verausgabung die Verdauungsmöglichkeiten (2. Etappe) und die ungenügenden Ausscheidungen, zum Beispiel bei Verstopfung (3. Etappe), haben eine quantitative Verminderung der Zufuhr zur Folge (1. Etappe), genauso wie Verdauungsprobleme (2. Etappe) die Wahl der Nahrungsmittel beeinflussen (1. Etappe).

Diese verschiedenen Tatsachen können in Form von verschiedenen Einzelgesetzen ausgedrückt werden. Wie zum Beispiel:

- Jede zu reichliche Mahlzeit hat eine Überbelastung des Verdauungstraktes zur Folge

- Jede unvollkommene Verdauung von Nahrungsmitteln ergibt zahlreiche Abfallstoffe

- Jede ungenügende, quantitative Zufuhr führt zu einer Verminderung von Energie zur Verausgabung

So verschieden diese Gesetze auch sind, sie unterstehen alle einem großen Allgemeingesetz. Dieses Gesetz, dass jedes Element, jede Aktivität oder jede Tatsache eine Rückwirkung auf andere Elemente, Aktionen oder Tatsachen hat, ist das Gesetz der Wechselwirkung.

Obwohl dieses Gesetz für jeden selbstverständlich ist, wird es in der Therapie nicht unbedingt zur Kenntnis genommen. Wie viel Verdauungsbeschwerden werden behandelt, ohne dass man sich um die Nahrungsmittel, die der Kranke zu sich nimmt, kümmert. Oder wie viele Patienten leiden unter Problemen der Ausscheidungsorgane, ohne dass man sich über den Ursprung der vielen Schlacken, welche ausgeschieden werden müssen, kümmert. Man bemüht sich ebenfalls, Entzündungen zu hemmen, ohne dabei an die reizenden Substanzen, die sie verursacht haben, zu denken. Oder man möchte Blut verdünnen, ohne herauszufinden, welches die Ursachen der Verdickung sind. Nun wirkt das Gesetz der Wechselwirkung nicht nur auf der körperlichen Ebene, sondern es beeinflusst alle Gebiete des Lebens.

Betrachten wir nun unsere organischen Funktionen unter einem anderen Blickwinkel, um ein anderes Allgemeingesetz zu erkennen. Das Funktionieren des menschlichen Körpers kann mit der Funktion eines Energieumwandlers verglichen werden. Wie bei diesem gibt es einen Energiefluss, der in ihn eindringt (1. Phase), ihn durchquert (2. Phase), um ihn schließlich zu verlassen (3. Phase). Die Gesundheit des Organismus hängt von einer guten Energiezirkulation ab, welche sich auf regelmäßige Weise, ohne jegliche Unterbrechung, vollziehen muss. Eine Einstellung der Energiezufuhr hätte unvermeidbar eine Unterbrechung der organischen Funktionen zur Folge. Die Verdauungsabläufe, ebenso wie das äußere Leben, wären unmöglich. Ein Blockieren des Umwandlungsprozesses hätte ebenfalls schlimme Folgen: Die Energien würden in den Körper eindringen, jedoch, da sie nicht brauchbar gemacht würden, würden sie weder zu den Organen noch zu den Muskeln gelangen. Ein Aussetzen der Ausscheidungen würde seinerseits verhindern, dass die verbrauchten Energien (die Toxine) den Körper nicht verlassen könnten, was zu einer gefährlichen Anhäufung von Schlacken im Körpermilieu führen würde.

All diese Fakten weisen auf die Notwendigkeit einer ununterbrochenen Durchquerung von Energien durch den Organismus und auf die Wichtigkeit der Bewegung hin. Nun ist das Gesetz der Bewegung ein weiteres großes Schöpfungsgesetz. Es bezeichnet das Lebendige, oder anders ausgedrückt: Was lebt, braucht Bewegung, um das Leben in sich zu erhalten.

Das Gesetz der Bewegung tritt nicht nur angesichts der Energien, welche unseren Körper durchqueren, zu Tage. Es zeigt sich auch in der Blutzirkulation, die eine Lebensnotwendigkeit ist. Die Blutzirkulation ist unumgänglich, um den Zellen ununterbrochen die ihnen notwendigen Nährstoffe zur Verfügung zu stellen, um zu verhindern, dass sich das Blut verdickt und ein Gerinnsel bildet, welches ein Gefäß verstopfen und so die Durchblutung unmöglich machen würde (Herzinfarkt, Hirnschlag, Embolie).

Die Zirkulation des Sauerstoffes durch unsere Gefäße ist ebenfalls eine Lebensnotwendigkeit. So wie körperliche Tätigkeit das Schwinden der Muskeln verhindert oder der ununterbrochene Zellaustausch die Assimilation und Wachstum ermöglicht.

Zahlreiche Therapien haben das Wiederherstellen oder das Begünstigen von Bewegung als alleiniges Ziel. Selbst, wenn in zahlreichen Fällen die angewandten Methoden ohne aktive Prinzipien oder Heilkraft sind, so zwingt doch ihre Anwendung den Organismus im Allgemeinen oder ein bestimmtes Organ, seine eigenen Kräfte zu mobilisieren und seine Bewegung zu beschleunigen.

Massagen aktivieren die Blutzirkulation und den Zellaustausch. Wassertherapie hat dieselbe Wirkung, denn sie intensiviert außerdem auch die Atmung. Die verschiedenen Reflexzonenmassagen (Fuss, Ohren usw.) haben als Ziel, die Tätigkeit der Organe über die Nerven anzuregen. Chiropraktik und Osteopathie stellen durch ihre Manipulationen die Zirkulation in den Nervensträngen wieder her, die Akupunktur die Energie in den Meridianen. Die Gymnastik hat therapeutische Effekte, da sie erschlaffte Funktionen weckt oder müde gewordene Organe wieder belebt.

Das Gesetz der Bewegung ist überall erkennbar, wie auch ein anderes großes Schöpfungsgesetz: Das Gesetz des Gleichgewichts. Gemäß der drei Etappen im Funktionieren unseres Organismus können wir die Notwendigkeit von zahlreichen Gleichgewichten feststellen: das Gleichgewicht zwischen den eingenommenen Nahrungsmitteln und den Möglichkeiten unseres Verdauungstraktes, diese auch verwerten zu können; das Gleichgewicht zwischen der Energiezufuhr und der organischen Verausgabung; das Gleichgewicht zwischen der Schlackenproduktion und den Möglichkeiten der Ausscheidungsorgane usw.

Sobald ein Gleichgewicht nicht mehr respektiert wird, weil eines der beiden Elemente dem anderen gegenüber vermehrte Wichtigkeit erhält, stellt sich Krankheit ein. Decken die Nahrungsmittel die Bedürfnisse des Körpers nicht, so funktionieren die Organe weniger gut (Mangel an Energieproduktion, mangelnder Muskeltonus, Asthenie). Wenn im Gegenteil die Zufuhr die Bedürfnisse übersteigt, so ist der Organismus überfordert (Verdauungsstörungen), er muss vermehrt arbeiten (Hypersekretion der Magensäfte, Hyperthermie, Bluthochdruck), Toxine häufen sich an (Verschlackung des Körpermilieus) und ein übertriebenes Einlagern findet statt (Gewichtszunahme).

Das Gesetz des Gleichgewichtes zeigt sich auch im Gleichgewicht zwischen dem arteriellen und dem venösen Blutvolumen, zwischen der ein- und ausgeatmeten Luft, zwischen Aktivität und Ruhezeit, der Bewegung des rechten und des linken Beines beim Gehen, um unser körperliches Gleichgewicht zu wahren.

Wenn eine übergroße Anzahl von Toxinen, Mikroben und Giften unseren Organismus in Gefahr bringen und dieser schnellstens durch Verbrennen davon befreit werden muss, entsteht Fieber. Fieber ist jedoch nicht ein krankhafter Zustand an sich, es ist eine einfache Temperaturerhöhung, die sich aus der Beschleunigung der Organfunktionen ergibt. Diese Beschleunigung ist notwendig, um die verschiedenen Bestandteile unseres Körpermilieus auszugleichen, indem es die überschüssigen verbrennt.

In der Therapie gibt es zahlreiche Vorgehen, welche die Ausscheidung von Giften aus dem Organismus zum Ausgleichen des Körpermilieus zum Ziel haben. Dazu gehört das Dränieren der Toxine. Dies geht mit Hilfe von Heilpflanzen oder homöopathischen Mitteln vor sich, welche die Arbeit der Ausscheidungsorgane beschleunigen, damit größere Mengen von Toxinen ausgeschieden werden können. Abführmittel, Einläufe und früher auch die Benutzung von Blutegeln, gehören ebenso zu diesen Reinigungsbemühungen. Fasten und Diäten nehmen deshalb eine so wichtige Stellung ein, weil sie die verhängnisvollen Folgen der Überernährung ausgleichen können. Wenn man nichts mehr isst (fastet) oder nur sehr wenig (Diät), ist die Produktion von Toxinen unterbrochen oder vermindert. Vor allem jedoch, kann sich das Körpermilieu wieder ausgleichen, da der Organismus die in den Geweben angehäuften Toxine verbrennen muss, um so Nährstoffe für sein Funktionieren zu erhalten.

Die Bemühung um ein Gleichgewicht zeigt sich auch darin, wie der Körper die Ausscheidungsorgane nutzt, um sich von Toxinen zu befreien. Um zu verhindern, dass eines dieser Organe ganz alleine das Gewicht der Ausscheidung von Giften tragen muss und dabei von deren Aggressivität beschädigt würde, benutzt der Körper abwechslungsweise manchmal deren zwei. So ergeben sich hin und her schwankende Ausscheidungskrisen, bei denen die Ausscheidung der Schlacken abwechselnd über zwei verschiedene Organe erfolgt. Die bekanntesten dieser Fälle sind das Abwechseln zwischen Asthma (Ausscheidung von krankmachenden Toxinen über die Atemwege) und Ekzem (Ausscheidung über die Haut) oder auch Asthma und Hämorrhoiden (künstliche Ausscheidung durch Blutungen).

Diese Möglichkeit, verschiedene Organe zur Ausscheidung einer gleichen Art von Toxinen zu aktivieren, kann in der Therapie zur Umleitung angewandt werden: Um ein geschwächtes oder krankes Organ zu entlasten, werden die Toxine, welche den Körper durch dieses Organ verlassen möchten, bewusst zu einem anderen, gleichartigen, geleitet. Die Nieren können durch Schwitzen entlastet werden, da die Art der Schlacken, die im Urin und im Schweiß ausgeschieden werden, dieselben sind. Das Aufsetzen von Schröpfköpfen während einer Asthmakrise erlaubt den Toxinen, welche die Atemwege belasten, durch die Haut zu entweichen. Dasselbe Ergebnis kann mit Senfwickeln erreicht werden, eine Methode, die unsere Großmütter schon anwendeten.

Unter den Allgemeingesetzen muss noch das Gesetz der Anziehung der Gleichart erwähnt werden. Das Gesetz besagt: Gleiches zieht sich an.

Oft kann man feststellen, dass eine gleiche Behandlung verschiedene Auswirkungen zeigt, je nach dem Patienten, bei dem sie angewandt wird. Für dasselbe Gesundheitsproblem wirkt eine bestimmte Heilpflanze bei gewissen Menschen sehr gut, bei anderen hingegen hat sie keinen günstigen Effekt, sondern, was schlimmer ist, einen ungünstigen. Dies ist ebenfalls der Fall bei Behandlungsarten wie der Akupunktur, Wasseranwendungen oder Homöopathie, die bei gewissen Patienten sehr erfolgreich sind, jedoch bei anderen nicht. Es ist bekannt, dass ein Aufenthalt in den Bergen für die einen eine Wohltat ist, während für andere dies nach einem Meeresaufenthalt der Fall ist. Diese verschiedenen Wirkungsarten zeigen: "Jemand hat eine Affinität zu dieser Behandlungsweise oder eben nicht.«

Seit jeher hat das Gesetz der Anziehung des Gleichen Therapeuten veranlasst, nach Beziehungen oder Ähnlichkeiten zwischen den therapeutischen Maßnahmen (Heilpflanzen, Heilmittel oder Nahrungsmittel) und der Art der Patienten zu suchen. Dies zeigt sich in Verbindung mit den verschiedenen Temperamenten. Es gibt vier Grundtemperamente: der Sanguiniker, der Melancholiker, der Choleriker und der Phlegmatiker. Jedes Temperament hat Ähnlichkeit oder Gleichart mit ganz bestimmten Dingen. Nehmen wir zum Beispiel jemanden des phlegmatischen Temperamentes, welches dem Element Wasser entspricht: Er liebt die Stille und die Ruhe, hält sich gerne in der Nähe von Wasser auf (See, Flüsse, Meer) und reagiert gut auf Anwendungen mit Algen, Hydrotherapie und Heilpflanzen in flüssiger Form (Kräutertees, Tropfen usw.).

Das ihm entgegengesetzte Temperament ist das Cholerische, welches dem Feuer untersteht. Jemand dieses Temperamentes liebt im Gegenteil die Bewegung und verträgt nur schlecht ein ruhiges Leben über längere Zeit. Dies kann ihn sogar krank machen, da er seine Kräfte nicht verausgaben kann. Sport und körperliche Betätigung liegen ihm mehr als Ruhe. Sonnenbäder sind besser für ihn als Wasseranwendungen und auf Heilpflanzen spricht er in trockener Tablettenform besser an als in Form von Kräutertees.

Die Beschreibung der Temperamente hat immer etwas Karikaturhaftes und Einseitiges an sich. In Wirklichkeit zeigen sie sich nie in ihrer reinen Form. Jeder von uns ist eine Mischung aus verschiedenen Temperamenten, bei der jedoch das eine oder andere überwiegt. Die große Kunst in der Medizin besteht darin, die Ähnlichkeit herauszufinden, welche zwischen dem Temperament des Kranken und den anzuwendenden therapeutischen Mitteln besteht. Es kann widersinnig scheinen, dass sich das Gesetz der Gleichart auch da offenbart, wo wir eine Abneigung empfinden, gegen ein Nahrungsmittel beispielsweise oder ein Heilmittel, das wir schon seit einiger Zeit einnehmen. Dies lässt sich jedoch leicht erklären. Wenn man davon ausgeht, dass sich Gleiches anzieht, hat das gleichzeitig auch zur Folge, dass sich Gegensätze abstoßen. Tut uns ein Nahrungsmittel nicht gut, so werden wir von ihm nicht angezogen, es hat also einen »abstoßenden« Einfluss auf uns. Wir haben keine Lust, es zu uns zu nehmen, da unser Körper weiß, dass es ihm nicht gut tut. Es wird von unserer Ernährung ausgeschlossen durch das Gefühl einer Abneigung, welche sich durch seinen Anblick oder Geruch auslöst. Ebenso kann ein Heilmittel, welches über eine längere Zeitdauer eingenommen wurde, im Körper zu einer Sättigung führen und ihn dazu veranlassen, jede weitere Einnahme zurückzuweisen. Diese Abneigung erlaubt, gewisse ungünstige Auswirkungen zu verhindern und schützt so den Organismus.

Das Immunsystem, von dem heutzutage so viel die Rede ist, ist auch dem Gesetz der Gleichart unterstellt: Seine Aufgabe besteht darin, das Eigene vom Nicht-Eigenen zu unterscheiden. Es akzeptiert alles, was Gleichart mit dem Organismus hat, jedoch neutralisiert, zerstört oder weist alles zurück, was diese Gleichart nicht aufweist, wie zum Beispiel Mikroben, Krebszellen, fremde Proteine usw.

Der Prozess des Zurückweisens oder Abstoßens dessen, was keine Gleichart hat, kann sehr langsam oder im Gegenteil extrem schnell vor sich gehen. Es kann manchmal Jahre dauern, bis der Organismus einen Fremdkörper (zum Beispiel einen Splitter), der in seinen Geweben eingedrungen ist, ausscheidet. Er gibt jedoch nicht auf, bevor er sein Ziel erreicht hat. In anderen Fällen ist das Zurückweisen rasch, heftig und kurz. Dies ist der Fall bei Erbrechen, Husten, Durchfall, Schweißausbrüchen und ganz besonders bei Allergien, welche schon Sekunden nach dem Kontakt mit dem Allergen ausbrechen können.

Die verschiedenen Allgemeingesetze, das Gesetz der Wechselwirkung, der Bewegung, des Gleichgewichtes und der Anziehung der

Gleichart sind nicht nur in organischen Funktionen wirksam. Nichts findet ohne sie statt, da sie es sind, die alle existierenden Prozesse auslösen.

Um den universalen Charakter dieser Gesetze aufzuzeigen, betrachten wir einmal so verschiedene Ebenen wie Chemie, Botanik und das Funktionieren eines Autos aus deren eigenem Blickwinkel.

In der Chemie zeigen sich die Auswirkungen des Gesetzes des Gleichgewichtes ganz klar in der Konstitution des Atoms. Dieses besteht aus einem Kern, der Protonen enthält, um die Elektronen auf ihren Bahnen außerhalb kreisen. Nun ist die Zahl der Elektronen (negativ geladene Teilchen) immer gleich der Anzahl der Protonen (positiv geladene Teilchen). Ist dies nicht der Fall, so sucht das Atom sich mit einem anderen Atom zu verbinden, mit dem es die Elektronen teilt, um die negative und die positive Ladung auszugleichen. Außerdem ist die Art, wie sich die Gruppierungen der Atome – die Moleküle – vollziehen, immer ausgeglichen, entsprechend eines Gesetzes, welches man »Gesetz des chemischen Gleichgewichtes« nennt. Das Gesetz der Wechselwirkung wird bei dem Prozess, der sich in einem elektrischen Kabel vollzieht, besonders gut deutlich. Elektrischer Strom entsteht dadurch, dass sich Elektronen entlang der Kette von Atomen im elektrischen Kabel fortbewegen. Indem ein Atom in die Bahn des nächsten dringt (Ursache), stößt dieses Atom das Elektron, das sich in ihm befand, weg (Wirkung). Dies hingegen dringt wiederum in die Bahn des nächsten Atoms (Ursache), was zum Abstoßen dessen Elektron führt (Wirkung), und so weiter.

Das Gesetz der Anziehung der Gleichart zeigt sich auch, wenn man ein Kristall, dessen Spitze abgebrochen ist, in eine Lösung mit den, im Kristall enthaltenen Mineralstoffen legt. Durch Anziehung der Gleichart verbinden sich die Mineralstoffe der Lösung mit den noch vorhandenen des Kristalls und stellen nach und nach die fehlende Spitze wieder her. Chemiker haben oft große Mühe, zwei Substanzen mit verschiedenen Eigenschaften zu mischen.

Denn die entgegengesetzten Eigenschaften der betreffenden Substanzen führen dazu, dass sie einander abstoßen, sodass eine Verbindung unmöglich wird. Die einzige Möglichkeit, dennoch eine Verbindung zu erlangen, besteht darin, dass diese beiden Substanzen stark verändert werden – durch Hitze zum Beispiel –, damit ihre Bestandteile sich nähern und sich so ähnlicher werden.

Solange das Gesetz der Bewegung respektiert wird, das heißt, solange die Elektronen auf ihren Bahnen um den Kern kreisen, behalten die Atome ihre Eigenschaften und können bestehen bleiben. Sollte sich die Bewegung jedoch unterbrechen, würde das Atom in sich selbst zusammenbrechen, da Leben nur durch Bewegung erhalten bleibt.

Auf einem ganz anderen Gebiet, dem der Botanik, finden sich diese Gesetze ebenfalls. Die notwendige Ähnlichkeit der Pflanzen mit dem Boden, auf dem sie wachsen, ist recht bekannt. Gewisse Pflanzen brauchen sauren Boden, andere alkalischen.

Hat die Erde einen sauren pH-Wert, so wachsen gewisse Pflanzen schlecht, andere jedoch wie Gänseblümchen, Huflattich, Männertreu und Moos gedeihen gut, da sie eine Affinität mit der Säure des Bodens haben.

Auch die Nachbarschaft einer Pflanze hat ihre Bedeutung. Rosen blühen weniger gut in der Nähe eines Thuja, werden hingegen günstig beeinflusst durch das Vorhandensein von Lavendel. Karotten gedeihen besser in Gegenwart von Lauch, wohingegen Bohnen und Erbsen unter der Nähe von Zwiebeln oder Knoblauch leiden.

In der Landwirtschaft spricht man bei den Kulturen, welche hinsichtlich des Respekts der Nachbarschaft angelegt werden, von »verketteten« Kulturen. Man könnte auch sagen, dass bestimmte Kulturen untereinander ihre Affinität respektieren.

Pflanzen werden nicht ohne Abwehrmöglichkeiten den Angriffen von Schädlingen, welche das »Gegenteil« darstellen, überlassen. Sie scheiden abstoßende Substanzen aus, die diese zurückweisen. Andererseits ziehen sie, dank anderer Sekretionen, die Insekten an, welche ihnen, beispielsweise zur Bestäubung, nützlich sind.

Das Suchen nach Affinität ist bei der Pflanze so groß, dass sie auf ungewöhnliche Weise wachsen kann. Ihr Stiel kann ungewöhnliche Formen annehmen, wenn sie, im Schatten verwurzelt, ein Hindernis umgehen möchte, um eine sonnige Zone zu erreichen.

Obwohl die Pflanzen sich selbst nicht bewegen können, wirkt sich das Gesetz der Bewegung ebenfalls bei ihnen aus. Da sie sich nicht von der Stelle rühren können, werden sie durch »Bewegungen« durchströmt, deren Ausbleiben oder Unterbrechung sie verkümmern lässt. Die Hauptbewegung ist diejenige des Wassers. Obwohl für unsere Augen unsichtbar, dringt das Wasser in die Wurzeln, steigt den Stamm oder Stiel empor und verflüchtigt sich schließlich über die Blätter in Form von feinen Dämpfen. Das Volumen dieses Flüssigkeitsstromes, der die Pflanzen durchquert, kann bei großen Bäumen, wie Pappeln, einige hundert Liter im Tag erreichen.

Das Gleichgewicht zwischen dem, was die Pflanze erhält, und dem, was sie gibt, ist genauso ein wichtiger Faktor wie für alle anderen lebenden Wesen. Wie ein Mensch verträgt auch eine Pflanze nicht, überernährt zu werden. Sicher, eine mit Dünger vollgesogene Pflanze wächst schnell, sie wird groß und aufgeschossen, jedoch ist sie schwach und widersteht Schädlingen schlecht. Das Vorhandensein von übertrieben vielen Schlacken in ihren Geweben ist ebenfalls ungünstig. Deshalb leiten die meisten Pflanzen Abfallstoffe in ihre Blätter, welche sie jeden Herbst verlieren. Das Gesetz der Wechselwirkung ist leicht erkennbar im Pflanzenreich. Eine Pflanze kann nicht wachsen (Wirkung), wenn vorher kein Samen gepflanzt wurde (Ursache). Die Pflanze, die sich entfaltet, entspricht immer der Ursache, welche sie ausgelöst hat, das heißt der Art des gepflanzten Samens: Aus einem Apfelkern kann nur ein Apfelbaum wachsen und kein Birnbaum.

Gegenstände, die von der Natur weit entfernt sind, wie von Menschen entworfene Maschinen, unterliegen ebenfalls den großen Schöpfungsgesetzen. Wenn es günstiger für die Funktionsfähigkeit und die Langlebigkeit eines Auto ist, es regelmäßig zu fahren, statt es monatelang in der Garage stehen zu lassen, so deshalb, weil sich auch hier das Gesetz der Bewegung auswirkt. Wird ein Auto zu lange nicht benutzt, rosten dessen Teile, es bilden sich Depots im Öl und dem Benzin und die Fugen verlieren ihre Elastizität. Wenn man an den regelmäßigen Ölwechsel denkt, so entspricht dieser dem Gesetz des Gleichgewichtes zwischen der Schlackenproduktion (hervorgegangen aus den Bewegungen der verschiedenen Teile des Motors) und ihrer Ausscheidung (Dank dem Ölwechsel). Der Auspuff hat eine ähnliche Aufgabe: Er bildet in gewisser Weise das Ausscheidungsorgan des Autos.

Das Gesetz der Gleichart zwingt den Autofahrer dazu, sein Reservoir mit dem Treibstoff zu füllen, der in Affinität mit seinem Motor ist.

Das Gesetz der Wechselwirkung zeigt sich in der Abhängigkeit vom Motor, ohne dessen Tätigkeit nichts funktionieren würde.

Der universelle Charakter der Gesetze lässt keine Ausnahmen zu. Wenn der Mensch ohne Zögern von der Ausnahme der Regel spricht, sogar davon, dass die Ausnahme die Regel bestätigt, dann nur deshalb, weil es sich dabei um seine eigenen Gesetze handelt und er weiß, dass diese unvollkommen sind. Bei den Naturgesetzen hingegen ist jede Ausnahme unmöglich. Nichts kann sich ereignen, ohne dass es sich in dem Rahmen eines Gesetzes vollzieht. Hier könnte jemand einwenden: »Es heißt, dass sich Gleiches anzieht und Gegenteiliges abstößt. Nun ziehen sich die gegenteiligen Pole eines Magnetes an, statt sich abzustoßen! Wie kann so etwas erklärt werden?«

So überraschend es auch scheinen mag, diese Anziehung der entgegengesetzten Pole untersteht dem Gesetz der Anziehung der Gleichart. Die Anziehung kann sich tatsächlich auf zwei Arten zeigen: einerseits zwischen zwei ähnlichen Arten (wie wir dies bisher gesehen haben), andererseits zwischen zwei verschiedenen Arten, welche jedoch, einmal vereint, ein Ganzes bilden. In dem letzteren Fall handelt es sich um ein Anschlussverlangen. Die Elemente suchen sich zu finden – sie ziehen sich an – um wiederum das Ganze, welchem sie eigentlich angehören, bilden zu können. Die Gleichart findet sich somit in der Zugehörigkeit zu einem gleichen Grundganzen. Gewöhnlich gehen wir von der Annahme aus, dass als Erstes Teile bestehen, welche sich anschließend zu einem Ganzen formen. Dabei ist es im Gegenteil zuerst das Ganze, aus verschiedenen Teilen bestehend, das den, vom Ganzen getrennten Teilchen, ermöglicht, ein Eigenleben zu führen. So besteht der elektrische Strom gleichzeitig aus positiven und negativen Ionen. Bei einem Magnet hingegen sind diese zwei Arten getrennt: Es gibt einen positiven und einen negativen Pol. Die Pole mit entgegengesetzten Eigenschaften ziehen sich an, da sie, zusammen den kompletten elektrischen Strom bilden.

Mit all diesen Gesetzen will ich zeigen, dass die Welt mit Logik organisiert ist und die Ereignisse sich immer nach bestimmten, nicht sehr zahlreichen Regeln vollziehen. Als mit einem freien Willen ausgestattete Menschen können wir vernünftige Entscheidungen treffen, denn die Konsequenzen unserer Taten sind, dank der Kenntnis der Gesetze, immer vorhersehbar.

Jede unserer Entscheidungen wird von den Gesetzen übernommen und uns in Form von unausweichlichen Konsequenzen zurückgebracht. Was uns passiert, ist immer das Ergebnis dessen, was wir selbst verursacht haben. Wenn diese Tatsache noch leicht zu beobachten ist, wenn die Rückwirkungen unseren Entscheidungen und Taten rasch erfolgen, so ist dies nicht der Fall, wenn die Konsequenzen sich erst lange Zeit später offenbaren. Oft erleben wir etwas, das uns erschüttert, doch wenn wir nach den Ursachen suchen, so finden wir deren Ursprung nicht. Es kann auch sein, dass die Ursache in einem Ereignis liegt, das weit zurückliegt, sodass wir nicht begreifen können, wie Ursachen über so lange Zeit hinweg haben bestehen können, bevor die Konsequenzen Form annehmen und uns treffen.

Dieser Prozess muss erklärt werden, damit man die Bildung des Schicksals wirklich begreifen kann. Dabei betrachten wir wiederum unsere Organfunktionen und erkennen, wie eine Krankheit sich innerhalb von vielen Jahren vorbereiten kann, bevor sie ausbricht.

Der verborgene Prozess der Entstehung der Krankheit

Zwischen dem Moment, in dem sich die Ursachen einer Krankheit bilden, und demjenigen, wenn die Krankheit ausbricht, kann sehr viel Zeit, bis zu einigen Jahrzehnten, vergehen. So erkennt man bei Fünfzig- und Sechzigjährigen Krankheiten, deren Ursachen auf ungesunde Gewohnheiten, eine Vergiftung oder einen Unfall zu Beginn des Erwachsenenalters oder gar in die Kindheit zurückführen. Berechtigterweise kann man sich fragen, wie diese alten Ursachen fortbestehen konnten. Es ist klar, dass die Ursachen irgendwo eingetragen sein müssen, sonst könnten die Konsequenzen nicht zu Tage treten. Wo waren sie eingetragen und aufbewahrt, damit sich ihre Folgen später als Krankheit zeigen können? Die »Verbuchung« all unserer Irrtümer vollzieht sich nicht außerhalb, beispielsweise in einem großen Buch, das von einer mysteriösen Person geführt würde, wie man es manchmal in Märchen oder Legenden lesen kann, sondern in unserem Körpermilieu. Das Körpermilieu ist unser Inneres. Nichts, was in unseren Organismus dringt, kann diesen durchqueren, ohne auf irgendeine Weise eine Spur zu hinterlassen. Jedes Nahrungsmittel, jedes Getränk, jedes Medikament, jede Impfung, jedes Gift, jede Droge und jede Mikrobe – kurz, alles was in unseren Körper eindringt –, muss diesen durchqueren, bevor es ihn verlässt. Es markiert unser Körpermilieu mit seinem Abdruck und beteiligt sich an ihm mit seinen Eigenschaften.

Natürlich hinterlassen gewisse Elemente einen tieferen Eindruck als andere, je nachdem, ob ihr Gebrauch regelmäßig ist oder die Eigenschaften markant. Der regelmäßige Verzehr von Käse beeindruckt das Körpermilieu mehr als das gelegentliche Genießen von Eiern. Andererseits hinterlässt eine Merkurvergiftung viel tiefere Spuren, als es irgendein Nahrungsmittel vermöchte.

Unser Körpermilieu verändert seine Eigenschaften auch entsprechend der infizierenden Mikrobe. Wie jedes Lebewesen, so scheiden auch die Mikroben Abfallstoffe in ihre Umgebung aus. Die verschiedenen organischen Schwächen mit den, daraus entstehenden Krankheiten bilden einen anderen Faktor, welcher die Zusammensetzung unseres Körpermilieus beeinflusst. Denn bei jeder Beschwerde werden der Krankheit entsprechende Gifte produziert. Auch Hormonausscheidungen spielen eine nicht zu unterschätzende Rolle. Je nach der Beanspruchung, denen unsere Drüsen ausgesetzt sind, überwiegen gewisse Ausscheidungen und hinterlassen so ihre Spur im Körpermilieu.

Die Eigenschaften des Körpermilieus sind immer generell, da es aus den Flüssigkeiten, welche ununterbrochen im Organismus kreisen, besteht. Die geringsten Substanzen, die in unseren Körper dringen, verbreiten sich schnell überall hin. Jede Körperflüssigkeit hat ihre eigene Geschwindigkeit. Das Blut kreist am schnellsten, die Lymphe und die Zellseren sind langsamer, jedoch keines ist je immobil. Entsprechend dem Gesetz der Bewegung, vollzieht sich ununterbrochen ein Austausch zwischen ihnen. Nicht nur die, vom

Blut transportierten Substanzen durchqueren die Gefäßwände und schütten sich in die Lymphe oder das Zellserum, sondern auch die verschiedenen Flüssigkeiten vermischen sich teilweise, indem sie die Wände, die sie voneinander trennen, durchqueren. Das Zellserum ist eigentlich nur Blutplasma und die Lymphe Blut ohne rote, jedoch reich an weißen Blutkörperchen. Ein Teil des Blutplasmas kann sich so leicht außerhalb der Blutgefäße verteilen, um in die Zellen einzudringen oder, im Gegenteil, ein Teil des Zellserums kann in die Blutzirkulation gelangen, um das Blutvolumen zu erhöhen. Dieselben Möglichkeiten der Verbreitung bestehen für die Lymphe, sodass die verschiedenen Flüssigkeiten stark voneinander abhängig sind: Was dem einen geschieht, beeinflusst schnell das andere.

Ein Gift, das zum Beispiel in den Blutumlauf dringt, hat die Blutbahn schnell verlassen, um über die Lymphe oder das Zellserum in die Tiefen der Gewebe zu dringen. Es durchtränkt nicht nur einen beschränkten Teil des Körpers, sondern den ganzen. Dank dieses Verbreitungsprozesses haben Medikamente eine Wirkung. Selbst wenn medikamentöse Substanzen für ein bestimmtes Organ vorgesehen sind, so können sich diese weder direkt noch ausschließlich zu diesem kranken Organ hinbegeben. Sie verteilen sich im Gegenteil über die Gesamtheit des Körpermilieus. Auf diese Weise kann das Organ, wofür sie bestimmt sind, ebenfalls davon Nutzen ziehen.

Die organischen Flüssigkeiten befinden sich also nicht in einem statischen Gleichgewicht, eine neben der anderen, sondern sind in einer Beziehung fortwährenden Austausches. Die Aufnahme oder Sättigung des Körpermilieus durch Toxine und Gifte, was dem Eintragen von künftigen Krankheiten entspricht, ist ein verborgener Vorgang. Er ist äußerlich unsichtbar. Gifte und Toxine häufen sich, für uns unsichtbar, an.

Das Vorhandensein kleiner Mengen von Stoffwechselrückständen im Körpermilieu gehört zum normalen Funktionieren des

Organismus. Von den Zellen ausgeschieden, werden diese Toxine zu den Ausscheidungsorganen – Nieren und Haut – gebracht, die sie zuerst aus dem Blut hinausfiltern, um sie dann im Urin und dem Schweiß usw. verdünnt auszuscheiden. Wenn man gesund lebt, ist die Bildung von Toxinen geringer als die Filtrierungsaktivitäten der Ausscheidungsorgane. So werden die Toxine fortlaufend ausgeschieden, ohne dass sie sich in den Geweben ansammeln.

Das ist anders, wenn der Lebensstil die physiologischen Gegebenheiten, also die Gesundheitsgesetze, nicht respektiert und die Schlackenproduktion die Möglichkeiten der Ausscheidungsorgane übersteigt. Die Toxine stagnieren im Blut und verändern dessen Zusammensetzung. Die Menge an Schlacken, die das Blut ertragen kann, ist jedoch beschränkt. So wird das Zuviel zurückgedrängt, nicht in die Ausscheidungsorgane, welche schon ausgelastet sind, sondern in die extrazellulären Seren.

Solange keine Änderung des Lebensstils erfolgt, welche die Produktion von Toxinen unterbrechen würde, nimmt ein großer Teil der Toxine den Weg zu dieser Notlösung, was dem Blut ermöglicht, eine ungefähr angemessene Zusammensetzung zu behalten. Deshalb baden die Gewebe in einem immer mehr belasteten Milieu. Schließlich gelangen die Toxine bis ins Innere der Zellen. Sie setzen sich in den Tiefen der Gewebe fest, häufen sich an und bilden große Ablagerungen, sodass sie nicht mehr ohne weiteres ausgeschieden werden können. Zuerst müssen diese Depots wieder in kleinere Teile aufgespalten werden, bevor sie aus den Tiefen der Gewebe wiederum zu dem extrazellulären Serum und dann zum Blut aufsteigen können, um anschließend zu den Ausscheidungsorganen befördert zu werden. Unsichtbar vollzieht sich der Prozess des Zurückdrängens der Toxine auf ganz natürliche Weise. Die jüngsten Toxine legen sich auf die, ihnen vorhergegangenen, welche ihrerseits die noch älteren bedecken. So bilden sich nach und nach Schichten oder Ablagerungen - mit geologischen Sedimenten vergleichbar. Je mehr sich die Schlacken anhäufen, umso höher sind die ungünstigen Konsequenzen für die

Gesundheit, da die Zellen verstärkt in Abfallstoffen ersticken, was ihr Funktionieren behindert und abweichen lässt. Dieser Prozess der Anhäufung der Toxine vollzieht sich nicht unbemerkt. Es ist möglich, sich dessen bewusst zu werden, da die Folgen der Verschlechterung des Körpermilieus sich auf auffallende Weise, in Form von Krankheiten, an der Oberfläche zeigen. Die Krankheiten sind leicht und harmlos, solange der Anteil der Toxine niedrig ist, sie werden jedoch schwerer und ernster, je größer die Anzahl der Schlacken wird. Chronologisch gesehen, vollzieht sich das folgenderweise: Die ersten auftretenden Beschwerden sind keine eigentlichen Krankheiten, sondern Momente eines leichten Unwohlseins, wie etwa Müdigkeit, Mangel an Lebensenergie, das Erscheinen leichter Hautprobleme, Kopfschmerzen, erhöhte Nervosität, weniger guter Schlaf usw. Diese verschiedenen Symptome sind zwar nur leicht, bedeuten hingegen dennoch die ersten Anzeichen der sich, in den Tiefen der Gewebe vollziehenden Verschlackung des Körpermilieus. Sie müssen als erste Alarmsignale betrachtet werden.

Werden diese Signale als das, was sie sind, verstanden und eine Reform der Lebensgewohnheiten unterbricht die Produktion von Abfallstoffen, so kommt bald alles wieder in Ordnung, denn die kleinen Überlastungen von Toxinen werden schnell ausgeschieden sein. Im gegenteiligen Fall geht die Verschlechterung des Körpermilieus weiter. Toxine häufen sich an, bis die Arbeit der Organe behindert und die Unversehrtheit der Gewebe bedroht wird. Wird die Toleranzschwelle überschritten, so bleibt der Organismus dieser Masse überschwemmender Gifte gegenüber nicht passiv, er reagiert. Seine Abwehrreaktion besteht darin, dass er alle Stoffwechselvorgänge intensiviert, um so die Schlacken zu neutralisieren, sie zu verbrennen und sie auszuscheiden. Es kommt zu Fieber und erhöhten Ausscheidungen: Durchfall, trüber Urin, Husten, starkes Schwitzen. Im Gegensatz zu den Alarmsignalen vollziehen sich diese Krisen auf heftige Weise. Sie betreffen mehrere Ausscheidungsorgane, sind jedoch von kurzer Dauer. Sie sind, was man akute Krankheiten nennt. Nun sind es jedoch weniger Krankheiten an sich als »Reinigungskrisen«, ausgelöst vom Organismus selbst, um sich vor einer Vergiftung zu retten. Ihr Ziel ist, den Körper wieder zur Gesundheit zurückzuführen, deshalb nennt man sie auch »Heilkrisen«. Ihr Auftreten schenkt dem Kranken die Gelegenheit zu begreifen, dass sich die Irrtümer nicht sofort tilgen, sondern dass sie tatsächlich registriert und aufbewahrt werden, bis ihre Unzuträglichkeiten zu einer Reorganisation führen.

Nach einer solchen Krise hat sich der Allgemeinzustand verbessert, da sich das Körpermilieu regeneriert hat. Ob dieser gesunde Zustand fortbesteht, liegt einzig in den Händen der betroffenen Person und hängt davon ab, wie weit sie sich über die Verbindung, die zwischen dem Zustand ihres Körpermilieus und ihrer Lebensweise besteht, bewusst geworden ist.

Wird sich der Kranke all dessen nicht bewusst und nimmt keine Korrektur seiner Irrtümer vor, so vollzieht sich die Anhäufung der Abfallstoffe weiter, von Zeit zu Zeit unterbrochen durch akute Reinigungskrisen. Allmählich werden diese seltener, da die Reaktionskräfte des Körpers sich vermindern, ganz besonders auch deshalb, weil das Ausmaß an Schlacken, die es auszuscheiden gilt, immer umfangreicher wird.

Wird es Zeit für eine weitere Reinigungskrise, so vermag der Organismus nicht mehr eine so heftige und umfassende Krise wie vorher auszulösen. Seine Bemühungen zeigen sich nur schwach, und auch nur an einem Organ. Weil die Krisen nicht ausreichend sind, um auf einmal die Überlastung, die das Körpermilieu verschlechtert hat, auszuscheiden, müssen sich die Bemühungen zur Reinigung wiederholen. Es tauchen chronische Krankheiten auf, welche die »chronischen« Bemühungen darstellen, um das Körpermilieu vor den ununterbrochenen Irrtümern zu retten. Die Eigenheit der chronischen Krankheiten ist die Wiederholung der Krisen, diese sind jedoch von geringerer Intensität und auf einen bestimmten Teil des Körpers beschränkt. Die Lokalisierung der Beschwerden hängt nicht nur von der Art der betroffenen Toxine ab, sondern auch von der

Kraft oder Schwäche der verschiedenen Organe. Eine Organschwäche kann durch einen Unfall, jedoch auch übertriebene Belastung bei der Arbeit oder im Sport verursacht werden.

Chronische Krankheiten erlauben dem Kranken, sich auf wiederholte Weise bewusst zu werden, dass die Art, wie er seinen Körper behandelt, nicht ohne Folgen ist und dass sich die Irrtümer, welche er begeht, anhäufen und nicht von selbst wieder verschwinden.

Solange die organischen Kräfte noch ausreichend sind, sind die chronischen Krankheiten vorwiegend funktioneller Art. Mit der Zeit jedoch führen sie zu Beschädigungen. Denn die Anwesenheit der Toxine behindert die Organe nicht nur, sondern diese greifen auch deren Substanz an. In diesem Stadium besteht die Gefahr, dass die Beschädigung der Organe sie daran hindern, mit der notwendigen Wirksamkeit zu funktionieren, was so wiederum eine Verschlechterung des Körpermilieus verursacht. Langsam, doch unausbleiblich, erfassen die Toxine die Gewebe, vergiften, beschädigen und zerstören sie. Die Organe ersticken unter der Masse von Abfallstoffen, ihre Funktionsfähigkeit wird vermindert und ihre Beschaffenheit verändert.

Das nächste Stadium ist das der degenerativen Krankheiten. Die Reaktionskräfte sind fast erschöpft, befreiende Reinigungskrisen sind nicht mehr möglich. Die lebendige Materie, welche buchstäblich unter dem Gewicht ihrer eigenen Abfallstoffe erstickt, desorganisiert sich völlig. Hier erscheinen die degenerativen Krankheiten wie Krebs, chronische Polyarthritis, Multiple Sklerose, ...

Bis zur Erreichung des Stadiums der degenerativen Krankheiten ist es ein sehr langer Weg – es sei denn, dass erbliche Veranlagungen den Prozess beschleunigen –, denn es ist die Wiederholung von Irrtümern, welche zu diesem Stadium führt. Ungünstige Folgen dieser Irrtümer müssen sich zuerst anhäufen, bevor diese sich auf so dramatische Weise offenbaren können: »Kleine Ursache, große Wirkung."

Wenn jemand unter einer Krankheit leidet, versteht er meist nicht, weshalb ihn ein so schweres Leiden getroffen hat. Er denkt, dass er plötzlich von dieser Krankheit befallen worden sei, wohingegen der, ihr zu Grunde liegende Prozess schon lange im Gange gewesen ist und sich still in den Tiefen des Körpers entwickelt hat. Der Kranke setzt der Entwicklung des Übels meist keinen Widerstand entgegen, weil er seine Krankheiten nur als Störungen betrachtet und nicht als Warnungen. Er meint, dass das Zurückdrängen der Toxine in die Tiefen der Gewebe durch antisymptomatische Mittel eine akzeptable Therapie sei. In all dieser Zeit hören die Folgen seiner, den Gesetzen nicht entsprechenden Lebensgewohnheiten nicht auf, sich in seinem Körpermilieu niederzuschlagen. Sie sind dort eingesperrt und sie sind die Ursache der schweren Störungen, unter denen er oft viel später leidet. Glücklicherweise besteht die Möglichkeit der Umkehr, das heißt eine Möglichkeit, das im Körpermilieu Eingetragene zu tilgen. Man kann einerseits die Fehler meiden, die zur Verschlechterung des Milieus geführt haben, und andererseits die Ausscheidung der angehäuften Toxine begünstigen.

Es ist nicht nötig, passiv darauf zu warten, dass die Ursachen zu sichtbaren Krankheiten führen. Es ist jederzeit möglich zu handeln, indem man das Milieu korrigiert – genauso, wie es der Körper selbst auch mit seinen Reinigungskrisen tut – diesmal jedoch bewusst und willentlich, bevor es zu deklarierten Krankheiten kommt.

Dank Diät oder Fasten, reinigender Pflanzenkuren und der Korrektur der Lebenshygiene wird sich der Anteil an Überlastung vermindern. Die krankmachenden Ursachen können entsprechend verringert werden. Dank der wunderbaren Regenerationsfähigkeiten des Körpers kann diese Verminderung bis zum völligen Wiedererlangen der Gesundheit führen, solange die Schädigungen nicht zu zahlreich oder zu tiefgreifend waren.

Hat das Körpermilieu seine normale Zusammensetzung wiedergefunden, so kann keine Krankheit mehr auftreten, da, entsprechend dem Gesetz der Wechselwirkung, es dafür keinen Anlass mehr gibt. Der Grund, auf dem sie sich hätte entwickeln können, existiert nicht mehr! Alte Fehler sind ausgeglichen und deren verunreinigenden Ablagerungen getilgt. Selbst exogene Krankheitsursachen, wie bakterielle Infektionen, haben große Mühe, sich festzusetzen, da ein gesundes Körpermilieu Angriffen widersteht.

Die Erneuerung des Körpermilieus erfolgt nicht nur dadurch, dass man aufgibt, was schlecht ist. Um sich wiederherzustellen und zu regenerieren, braucht es auch »gute Dinge«, das heißt Nährstoffe, Sauerstoff, Bewegung an der frischen Luft und naturbelassene Nahrungsmittel, die zu einem gesunden Leben gehören.

Wenn man sich dazu entschließt, sein Körpermilieu zu korrigieren, so ist es notwendig, dass jeder Fehler durch entgegengesetzte Maßnahmen kompensiert wird, da gemäß des Gesetzes des Gleichgewichtes das Ergebnis proportional den vorgenommenen Maßnahmen entspricht. Die Heilung folgt somit nicht unmittelbar nach dem Entschluss zur Besserung! Im Gegenteil, alle Toxine, welche irgendwann in den Körper eingedrungen sind und sich noch in ihm befinden, müssen zuerst ausgeschieden werden. Dieses Ausscheiden vollzieht sich jedoch nicht auf einmal, denn es gibt kein Heilmittel, welches alle Toxine auf einmal verschwinden lassen kann. Sie müssen aus dem Organismus auf dem entgegensetzen Weg, wie sie in ihn eingedrungen sind, ausgeschieden werden. Dies ist ein langwieriger Prozess. Um die Gewebe, in denen sie sich eingenistet haben, zu verlassen, müssen die Toxine zuerst die Zellen verlassen, dann von den Seren oder der Lymphe bis zum Blut befördert werden und von da zu den Ausscheidungsorganen. Dies nimmt naturgemäß Zeit in Anspruch.

Der Beginn der Kur ist der schwierigste Teil, denn der Körper, der endlich in seinen Ausscheidungsbemühungen durch therapeutische Massnahmen unterstützt wird, lässt manchmal Toxine in massiver Weise zum Blut aufsteigen. Dies führt zu einem allgemeinen Unwohlsein, Kopfschmerzen, Übelkeit, der Wiederbelebung alter Beschwerden usw. Mancher ist deshalb versucht, die Reinigungskur aufzugeben, unter dem Vorwand, dass alles nur viel schlimmer sei, seit er damit begonnen habe. In Wirklichkeit ist das Milieu dabei, sich zu verbessern, da sich die Überlastung vermindert. Die empfundenen Beschwerden sind nur die obligatorischen Konsequenzen des Zurückfließens der Toxine und ihre Präsenz im Blut. Die Beschwerden werden sich, je weiter die Kur fortschreitet, verringern.

Die Kur aufzugeben, würde bedeuten, die begangenen Irrtümer als nichtig zu betrachten und nicht zuzugestehen, dass das Körpermilieu von den Toxinen befreit werden muss. Es würde bedeuten, sich dem Gesetz der Wechselwirkung entgegenzustellen, indem man hofft, dass die Auswirkungen verschwinden können, ohne dass man sich um deren Ursachen kümmern muss.

Manche Menschen möchten die "Lebensreform" aufgeben, weil sie weitaus heftiger auf »Ausnahmen« reagieren als vorher. So führt eine zu reiche Mahlzeit schneller zu Verdauungsproblemen, zu reicher Alkoholkonsum ergibt rascher Kopfschmerzen. Sie fühlen sich verletzbar, sensibler als vorher und denken, dass sie in die falsche Richtung gegangen seien. Dies ist jedoch nicht der Fall: Im Gegenteil, sie erfreuen sich einer besseren Gesundheit! Ihre Reaktionskräfte sind viel besser als zu der Zeit, da ihr Körpermilieu völlig verschlackt war. Diese Kräfte warnen sofort vor dem, was schadet, damit es gemieden werden kann.

* * *

Krankheiten können sich über Jahre hinweg vorbereiten, bevor sie ans Tageslicht gelangen, denn sie haben ihre Ursache in den, sich im Körpermilieu ansammelnden Toxinen. Das Körpermilieu ist die Verbindung zwischen der Vergangenheit und der Zukunft, zwischen der Lebensweise und ihren Konsequenzen für die Gesundheit. Diese Verkettung der Phänomene ist der Ausdruck des Gesetzes der Wechselwirkung in Bezug zum Körper. Da die

Gesetze universal sind und es einen Eintragungsprozess in Bezug zum Körpermilieu gibt, muss es zweifellos auch einen entsprechenden Prozess auf geistiger Ebene geben. Ist dies der Fall, und wenn ja, kann dieser die Bildung unseres Schicksals erklären?

Der verborgene Prozess der Entstehung des Schicksals

Genauso wie Nahrungsmittel, Medikamente und Gifte ihre Spuren in dem Körper hinterlassen, in den sie eingedrungen sind, so zeichnen sich auch unsere Gefühle, Gedanken und Empfindungen im ihnen entsprechenden Körper ab.

Dieser Körper ist nicht der physische Körper, sondern etwas Feineres, Ätherisierteres. Es ist unsere Seele, es sind all die feinstofflichen Hüllen, die unseren Geist umgeben. Der Geist ist unser eigentliches Ich. Er stammt aus dem geistigen Reich und, da seine Beschaffenheit nicht dieselbe wie diejenige der Erde ist, muss er eine grobstoffliche Hülle überstreifen, damit er sich auf dieser Ebene betätigen kann. Diese Hülle ist unser Erdenkörper.

Wenn nun der Geist das geistige Reich verlässt, um sich auf die Erde zu begeben, so muss er alle, sich zwischen dem Paradies und der Erde befindenden Ebenen durchqueren. Jede dieser verschiedenen

Ebenen ist von anderer Art, die höheren von feinerer Beschaffenheit als diejenigen, die der grobstofflichen Erde näher sind.

Indem er jede dieser Ebenen durchquert, muss der Geist – entsprechend dem Gesetz der Gleichart – eine Hülle oder einen Körper derselben Beschaffenheit der Ebene, in welche er eindringt, überziehen, damit er dort leben und wirken kann. Im Laufe seines Abstiegs zieht er somit eine Hülle, mit unterschiedlicher Beschaffenheit, über die andere. Ist der Menschengeist inkarniert, so ist er von all seinen Hüllen umgeben, wobei der Erdenkörper die äußerste ist.

So spricht man von Geist, wenn sich dieser im geistigen Reich befindet, ohne jegliche weitere Hüllen. Dies ist der eigentliche Mensch. Man spricht jedoch von Seele, wenn der Geist von mehr oder weniger leichten feinstofflichen Hüllen umgeben ist, den Erdenkörper ausgenommen. Man spricht letztlich vom Erdenmenschen, wenn der Geist inkarniert ist, das heißt, wenn die Seele einen physischen Körper besitzt.

Damit die weiteren Ausführungen klar sind, benutzen wir in diesem Kapitel das Wort »Geist« nicht mehr, sondern das Wort »Seele«, im Sinne des von feinstofflichen Hüllen umgebenen Geistes.

Unsere Wünsche und unsere Ängste sowie unsere Empfindungen und Emotionen sind nicht das Ergebnis irgendeines physischen Organs, sondern haben ihren Ausgangspunkt in unserer Seele. Daher haben sie eine viel feinere und subtilere Eigenart als das, was unser Körper erzeugen kann. Diese Art entspricht den ätherisierteren Eigenschaften der Seele. Die Seele ist demnach der Sitz aller psychischen Aktivitäten und der Ort, wo sich diese eintragen, wobei ausschließlich mechanische und biochemische Aktivitäten dem Körper zugehörig sind.

Man muss darauf achten, dass man die psychischen Aktivitäten nicht mit den nervösen oder hormonalen Übertragungen, die diese erzeugen, verwechselt und welche notwendig sind, damit wir als inkarnierter Geist unser Seelenleben bis ins Physische spüren können. Man muss auch nicht denken, dass ein Teil unseres psychischen Lebens aus dem körperlichen Herzen hervorgeht, nur weil wir gewohnt sind, das Herz als den Sitz der Emotionen und des Gemütes anzusehen. Wenn Kummer unser Herz bricht oder, im Gegenteil, es vor Freude überfließt, oder wenn wir aus der Tiefe unseres Herzens sprechen, wir etwas von ganzem Herzen wollen, so handelt es sich dabei nicht um das physische Organ, das in unserer Brust schlägt, sondern um unsere Seele. Diese ist tatsächlich über den Solarplexus, nicht weit vom Herzen entfernt, mit dem Körper verbunden. Starke Emotionen spüren wir an dieser Stelle, ganz besonders, da Emotionen den Herzrhythmus verändern. Dass sich das psychische Leben auf der Seelenebene abspielt und nicht auf derjenigen des Körpers, ist eine Tatsache, die uns nicht fremd ist. Verschiedene Ausdrücke verdeutlichen es: Güte und Gerechtigkeit werden als »Seelengröße« bezeichnet, Wohlwollen als »Seelengüte«, Entschlossenheit mit »Seelenstärke«, jemand, der zufrieden ist, hat eine »friedvolle Seele«.

Sind wir traurig, weil uns etwas Schmerzliches getroffen hat, so fühlen wir uns schwer. Dieses Gefühl der Schwere hat nichts mit der Zunahme unseres Körpergewichtes zu tun, sondern damit, dass sich der Zustand der subtilen Hüllen, welche unsere Seele bilden, verändert hat. Sie verlieren einen Teil ihrer Helle und Leichtigkeit, was wir bis in unseren Körper spüren.

Wir sprechen auch von »Seelenwunden« und nicht von Verletzungen des Gehirns. Es kann sich tatsächlich etwas in unsere Seele eingraben und ihr so eine Empfindlichkeit verleihen, welche ihre Art zu wirken oder zu reagieren beeinträchtigt. Obwohl unsichtbar, so vollzieht es sich dennoch.

Wie auf physischer Ebene, gibt es auch im Seelischen ein Milieu, in dem sich alle Ereignisse unseres Seelenlebens eintragen: unsere Gedanken, Empfindungen, unser Sehnen und unsere Gefühle. Sie alle zusammen formen das Milieu der Seele und modellieren und modulieren unsere Persönlichkeit. So ist unser persönliches und individuelles Ich das Ergebnis all unserer

Erfahrungen. Die Nahrung unserer Seele – das heißt die Elemente, die sie formen – ist von wechselnder Qualität, genau wie die Nahrungsmittel, welche unserem irdischen Körper zugedacht sind.

Den, für unseren Körper günstigen Nahrungsmitteln entsprechen für unsere Seele gehobene, gütige und lichterfüllte Gedanken wie beispielsweise die Nächstenliebe, Helfen-Wollen, Respekt oder auch die Suche nach Schönem und Gerechtigkeit. Solche Gedanken beleben unsere Seele und helfen ihr, sich zu entfalten.

Höhere Prinzipien, wie Pflichtbewusstsein und Gerechtigkeitsempfinden, können sich leicht in falsche Konzepte umgestalten. Wenn dem so ist, entsprechen sie den denaturierten Nahrungsmitteln. Wie diese können sie teilweise ihres Inhaltes beraubt sein (raffinierte Nahrungsmittel) oder im Gegenteil fremde und gefährliche Elemente enthalten (durch Nahrungszusätze vergiftete Lebensmittel). Wie wir Reizmittel (Tabak, Alkohol, Kaffee) zu uns nehmen, um uns munter und energiegeladen zu fühlen, genauso können wir schädliche Eigenschaften, wie Eitelkeit, Ehrgeiz, Hass oder Neid benutzen, um unser inneres Leben künstlich anzuregen. Die Stimulation findet wohl statt, jedoch, genau wie bei den Reizmitteln, erschöpfen sie die Kräfte der Seele, ohne ihr etwas Aufbauendes zu bieten.

Wenn wir Nahrungsmittel zu uns nehmen, die reich an Toxinen oder durch chemische Behandlung vergiftet sind, belasten wir unser Körpermilieu. Indem wir düstere, abfällige oder hasserfüllte Gedanken unterhalten und dann auch ihnen entsprechend handeln, verschlechtern wir ebenfalls das Milieu unserer Seele! Genau wie Vitamin- Protein- oder Mineralstoffmangel in unserem Körper zu Mangelerscheinungen führen, so entzieht ein Mangel an edlen und aufbauenden Gedanken unserer Seele die unentbehrlichen Elemente zu ihrer Entfaltung.

Zur Überernährung kann man ebenfalls eine Parallele ziehen. Ein übertriebener Konsum an Nahrungsmitteln und Getränken blockiert unseren Organismus, indem er ihn mit schlecht verdauten Elementen überlädt. Auch der Überfluss an Informationen, der sich durch die Medien über uns ergießt (Radio, Fernsehen, Zeitungen, Zeitschriften, Reklame, Internet ...), sättigt unser Bewusstsein mit einer Unmenge an nicht verarbeiteten Eindrücken, was zu einer regelrechten Vergiftung der Seele führt.

Wenn einerseits die Qualität unserer Gedanken und Empfindungen ihre Bedeutung haben, so ist auch die Häufigkeit, mit welcher sie unsere Seele beleben, nicht zu unterschätzen. Ein flüchtiger Gedanke, der unser Bewusstsein durchquert, ohne sich darin aufzuhalten, hat einen weit geringeren Einfluss auf unser Seelenmilieu als Gedanken oder Impulse, welche regelmäßig wiederkommen oder gar bewusst erhalten werden. Diese letzteren fixieren sich viel solider in uns und durch ihre Kraft färben sie unsere Seele auf weit intensivere Weise. So kommt es, dass sie durch das Gesetz der Anziehung der Gleichart andere, gleichgeartete Gedanken anziehen, die verstärkend wirken. Sind diese Gedanken gut und lichterfüllt, so wirken sie aufbauend. Im entgegengesetzten Falle jedoch haben sie eine ungute Auswirkung. Die Bedeutung der Repetition, um die Kraft eines Gedankens zu erhöhen, ist gut bekannt und wird in den Techniken der Auto-Suggestion, wie zum Beispiel der Coué-Methode, die empfiehlt, gewisse Sätze immer wieder zu wiederholen, angewendet.

Das ist jedoch noch nicht alles! Die Intensität, mit welcher wir etwas empfinden, spielt ebenso eine wichtige Rolle. Je tiefer ein Ereignis uns berührt, umso mehr festigen sich die Emotionen, Gefühle und Gedanken, die es auslöst. Die Freude, welche wir empfinden, nachdem wir einer großen Gefahr entkommen sind, ebenso wie der tiefe Schmerz, der uns erfüllt, nachdem wir ein dramatisches Ereignis erlebten, hinterlassen bleibende Spuren in unserer Seele. Es sind die »Lehren des Lebens«, die wir nicht so schnell wieder vergessen.

Wenn das, was sich in unsere Seele einträgt, vorwiegend schlecht, dunkel und schädlich ist, so sind die sich daraus ergebenen Konsequenzen für unser psychisches Leben genauso giftig wie die Toxine in unserem Körper. Der Prozess ist genau der gleiche wie derjenige in unserem Organismus, wo die auftretenden Krankheiten immer ernster und gefährlicher werden, je länger die Toxine und Gifte sich im Körpermilieu anhäufen.

Solange die Seele keine schädigenden Elemente enthält, kann sich das Leben auf harmonische Weise vollziehen, und Kontakte mit der Umwelt sind friedlich. Die Lebensfreude bleibt, trotz der kleinen alltäglichen Probleme, bestehen. Wenn jedoch schlechte Gedanken und ungutes Empfinden sich in unserer Seele niederlassen, so entstehen Reibungen mit unserer Umwelt. Diese Reibungen, hervorgegangen aus Un- und Missverständnissen, führen zu Ärger, Aggressivität oder Verbitterung. Obwohl nur geringfügig, stellen diese beiläufigen Ereignisse dennoch die ersten Alarmsignale einer leichten Verschlechterung des Seelenmilieus dar.

In diesem Stadium ist es nicht schwer, sein inneres Gleichgewicht und die Harmonie mit seiner Umwelt wiederzufinden. Es genügt, Ordnung in sein Denken zu bringen und sich jedem störenden Gedanken zu enthalten.

Kommt es jedoch nicht zu dieser Selbstbesinnung, so verschlechtert sich das Seelenmilieu weiter, bis die Disharmonie zu sehr überhand nimmt, was dazu führt, bei den geringsten Widerwärtigkeiten oder Problemen heftig zu reagieren. Dieses Stadium entspricht dem der akuten Krankheiten. Der Toleranzspiegel ist überschritten und die Krisen, welche ausbrechen, lassen das, was sich in der Tiefe unseres Wesens versteckt, an den Tag treten. Sie zeigen, was sich in uns angehäuft hat.

Die Gewalt dieser Krisen – welche öfter in unserem Leben auftreten können – hilft uns, dabei zum Bewusstsein zu gelangen, dass etwas in uns nicht stimmt.

Werden wir uns all dessen nicht bewusst, werden keine tiefgreifenden Ent-
[illegible] gefasst, um die Gedanken und die
[illegible]ng dem Leben gegenüber zu än-

dern, so häufen sich die unguten Elemente immer stärker im Seelenmilieu an.

Schlechte Charaktereigenschaften und Fehler werden immer ausgeprägter und färben verstärkt die Persönlichkeit. Mit der Zeit wird es zur Gewohnheit: Konfliktsituationen werden nicht mehr als solche erkannt, sondern als unumgängliche und banale Realität, ebenso Fehlverhalten und Fehlreaktionen, sodass sich langsam eine Resignation einstellt und das befreiende In-Frage-Stellen immer seltener wird.

Diese »Seelenverschmutzung« wird zur Ursache zahlreicher innerer und äußerer Konflikte. Die Probleme sind nicht mehr punktuell, sie werden chronisch.

Genauso wie die Krankheiten, welche den physischen Körper treffen, so können die Beschwerden funktionell oder Schäden auslösend sein. Sie sind funktionell, wenn die normalen Verhaltensweisen gestört sind, Schäden entstehen und wenn es zu tiefen Abnormalitäten des Verhaltens kommt, wie Hänge oder Laster.

Die degenerativen Krankheiten haben ebenfalls ein entsprechendes Element auf der Seelenebene. Es ist die des Wahnsinns: Die Sicht der Realität ist völlig verzerrt, die Persönlichkeit unstrukturiert, der Selbstrespekt und das Bewusstsein von Gut und Böse sind nicht mehr vorhanden.

Wie es Gesundheitsgesetze gibt, welche respektiert werden müssen, damit der physische Körper gesund bleibt, so gibt es auch Gesetze der psychischen Gesundheit oder geistige Gesetze, welche der Seele erlauben, ausgeglichen zu bleiben.

Diese Gesetze veranlassen uns, uns zu vervollkommnen, indem wir uns bemühen, Gutes zu tun, eine aufbauende Tätigkeit zu haben, unser Wesen zu verfeinern und zu veredeln, Selbstrespekt und Respekt gegenüber anderen zu entwickeln, was nur erreicht werden kann, wenn wir unsere Seele mit hohen Gedanken, richtigen Konzepten, guten Gefühlen, lichtem Empfinden, einfachen Worten und aufbauendem Wirken nähren.

Wie Toxine im Körper, so können die in unserer Seele angehäuften schlechten Elemente ausgeschieden werden. Nur deren Ausscheiden kann das Auftreten von Störungen, welche die dem Gesetz entsprechende Wechselwirkung unweigerlich auslöst, verhindern. Diese Ausscheidung kann sich jedoch nicht – wie auf körperlicher Ebene – durch Anregung der Ausscheidungsorgane vollziehen. Es gibt tatsächlich kein künstliches oder äußerliches Mittel, das erlaubt, die schlechten Dinge, welche sich in unserer Seele angesammelt haben, herauszuziehen. Der Impuls muss von Innen kommen, von der Seele selbst. Sie ist es, welche darauf verzichten muss, Gedanken und Empfindungen zu unterhalten, die sie gar nicht will. Werden diese nicht weiter erhalten (oder genährt), so verlieren sie ihre Kraft und die Macht, mit welcher sie die Persönlichkeit beeinflussten, nimmt entsprechend ab. Dies ist jedoch noch längst nicht ausreichend, denn das Gute in uns entwickelt sich nicht nur, weil das Schlechte verschwindet. Falsches muss durch Richtiges ersetzt werden.

Der Prozess ist demjenigen, den wir auf körperlicher Ebene beschrieben haben, ähnlich: Die Ausscheidung der Toxine reicht nicht aus, um das Körpermilieu zu regenerieren, man muss ihm »Nährstoffe« zuführen, welche ihm vorenthalten wurden. Man muss sich für gute Kraftströmungen öffnen und zu denjenigen Qualitäten streben, die man zu besitzen wünscht. Sich auf seine Mängel und Fehler zu konzentrieren und sie dauernd zu analysieren, ist nicht der beste Weg, da diesen so ständig neue Kräfte zugeführt werden.

Ist das Milieu der Seele gesundet, so findet dies ihre Widerstandskraft Angriffen von außen gegenüber wieder. Genau wie die aggressivsten Mikroben in einem gesunden Körpermilieu nicht überleben können, so wenig vermögen sich die schädlichsten Vorschläge (oder Anträge) bei jemanden, der einen guten Grund hat, nicht einzunisten. Dies ist eine Folge des Gesetzes der Gleichart, welches dazu führt, dass sich Gegensätze abstoßen. Das Milieu unserer Seele kann bewusst verändert werden, tun wir dies jedoch nicht, so können erschütternde Ereignisse uns dazu veranlassen, es zu tun - genau wie auf körperlicher Ebene, wo die Mängel zu Krankheiten führen, die uns zwingen, unsere Lebenshygiene zu ändern.

Nun ist aber die Entscheidung, sich zu verändern, noch nicht die Veränderung selbst. Diese erfolgt erst nach Anstrengungen, was bedeutet, dass sich die Auswirkungen nicht sofort zeigen. Mancher denkt, dass sein gutes Wollen unverzüglich von einer radikalen Änderung begleitet sein sollte. Sie erwarten, dass ihr Leben im Handumdrehen friedlich, harmonisch und schön wird. Solche Hoffnungen entsprechen jedoch nicht den Möglichkeiten der Gesetze.

Alles, was jemand in seinen Tiefen angehäuft hat, befindet sich immer noch in ihm. Er muss sich somit davon lösen, um befreit zu werden. Dieses Ausscheiden ist ein Prozess und dauert eine gewisse Zeit. Dieser Prozess kann sogar, genau wie bei einer Umstellung auf körperlicher Ebene, den Eindruck vermitteln, dass sich die Situation verschlechtert, da die Probleme, welche in der Tiefe zurückgedrängt waren, plötzlich an die Oberfläche gelangen, um gelöst zu werden. Doch entgegen dem äußeren Schein wird die Situation besser, da die gute Richtung eingeschlagen wurde, was so verhindert, dass sich weitere, neue ungute Elemente im Seelenmilieu anhäufen. Auf diese Weise beginnt die Seele, sich zu erneuern.

Es gibt auch auf der Seelenebene einen Prozess, der vergangene Konflikte aufzeichnet und diesen so ermöglicht, lange Zeit, nachdem die ihnen zu Grunde liegenden Ursachen eingetragen wurden, wieder aufzuleben. Dieser Vorgang ist demjenigen ähnlich, welcher im Körper angehäufte Toxine, lange nachdem sie in den Organismus eingedrungen sind, als Krankheit ausbrechen lässt. Unsere Gedanken, unsere Entscheidungen und unsere Taten verschwinden nicht, sobald sie erzeugt wurden, sondern sie dauern über die Zeit hinweg, denn ihre Auswirkungen sind im Seelenmilieu eingetragen. So können sie sehr viel später wieder auftauchen und unser Verhalten und die zukünftigen Ereignisse beeinflussen. Wenn wir eine lebhafte Art entwickeln, aktiv und impulsiv sind, so handeln wir auch dementsprechend, da unser ganzes Wesen so ist, und es wäre schwierig für uns, ruhig, gesetzt und geduldig zu reagieren. Dieses Verhalten, das heute das unsere ist, wird morgen dasselbe sein, sofern wir es nicht inzwischen geändert haben. Es zeichnet somit schon die Form unseres kommenden Wirkens.

Diese Beeinflussung der Zukunft durch die Gegenwart wirkt sich jedoch nicht nur auf unser Wesen, sondern auch auf die Ereignisse, die uns erwarten, aus. Denn, dem Gesetz der Anziehung der Gleichart entsprechend, ziehen wir Menschen an, die uns ähnlich sind, das heißt Menschen mit ähnlichen Ideen, Neigungen und Verhaltensweisen. Da uns diese Menschen ähnlich sind, erzeugen sie auch ähnliche Situationen wie wir selbst. Indem wir sie anziehen, ziehen wir gleichzeitig auch die Situationen an, die sie geschaffen haben. So können Situationen, die wir früher einmal jemandem zugedacht hatten, uns später in

Form von Ereignissen, die wir persönlich durchleben müssen, zurückgebracht werden. Zum Beispiel zieht eine dominante Persönlichkeit dominierende Menschen an, welche sie so in Situationen bringen, in denen sie selbst dominiert wird. So kann sie selbst erleben, was sie anderen zugefügt hatte.

Durch die Tätigkeit der Gesetze wird das, was wir schaffen und was in uns lebendig geblieben ist, zu uns zurückgebracht, sei dies nun in einer näheren oder ferneren Zukunft. Dieser Prozess der Formung des Kommenden durch die gegenwärtigen Ereignisse ist nichts anderes als das, was man als die Bildung des Schicksals bezeichnet.

Das Schicksal birgt somit nichts Zufälliges. Es formt sich aus dem, was von uns ausgeht: Gedanken, Wünsche und Taten. Wenn auch verborgen, so existiert der Eintragungsprozess gleichwohl. Er vollzieht sich in unserer Seele, die eine wichtige Rolle als Verbindungsglied zwischen der Vergangenheit und der Zukunft bildet.

Der Schlüssel unseres Schicksals ist unser freier Wille, denn, dank ihm, sind wir es selbst, die bestimmen, was sich in unser Seelenmilieu einträgt. Wenn sich jedoch etwas eingetragen hat, so müssen wir es ernten, dem Gesetz der Wechselwirkung entsprechend, welches unumgänglich die Konsequenzen seiner Taten dem Urheber zurückbringt. Dies lehrte Christus, als er sagte: "Was der Mensch sät, das wird er ernten."

Das Gesetz der Wechselwirkung wirkt sich jedoch nicht nur auf der grobstofflichen Ebene aus, es hat auch seine Wirkung im Geistigen. So sprach Christus nicht von irdischen Saaten und Ernten, sondern davon, was die Seele sät und ernten muss. Das Gesetz der Wechselwirkung bestimmt alles, was mit der Seele des Menschen in Verbindung steht. Es ist jedoch nicht das einzige Gesetz, das sich so auswirkt. Alle Allgemeingesetze wirken sich ebenfalls auf der Seelenebene aus.

Das Gesetz der Anziehung der Gleichart beispielsweise hat zur Folge, dass sich diejenigen, die etwas gemeinsam haben, anziehen, wobei diese Eigenschaften bei den gegensätzlichen Charakteren »abstoßend« wirken. »Was sich gleicht, das sammelt sich«, kann man in unterschiedlichen Gemeinschaften beobachten. Sitzen ein Sportler, ein Bastler und zwei Künstler am gleichen Tisch, so finden sich die Künstler schnell zu einer angeregten Konversation.

Diese ganz natürliche Neigung, welche von der Anziehung der Gleicharten ausgeht, wird in den unzähligen Klubs, Verbindungen, Vereinen, Parteien oder Gesellschaften deutlich, die alle Menschen mit einem gemeinsamen Interesse oder Ideal zusammenbringen.

So erkennen wir bei unseren Mitmenschen zuerst das, was uns ähnlich ist. Bemerken wir nicht viel schneller die Menschen, die gleiche Qualitäten oder gleiche Fehler wie wir haben, im Gegensatz zu denjenigen, mit denen wir keine Gemeinsamkeiten aufweisen? Lebhafte Menschen werden vorwiegend von ebenfalls lebhaften Mitmenschen angezogen, genauso wie jemand, der niedergeschlagen ist, vor allem diejenigen seiner Umgebung bemerkt, welche ebenfalls deprimiert sind.

Sogar Spott und Sarkasmus sind diesem Gesetz unterworfen. Der Spottende sieht in dem Bespotteten eine Gabe (Qualität), die er selbst besitzt, jedoch nicht nutzt. Dies trifft und irritiert ihn und lässt ihn aggressiv werden. Aggressivität kann nur gegen etwas gerichtet sein, das man durch Gleichart wahrnimmt. So sieht man den Splitter im Auge seines Nächsten, jedoch den Balken im eigenen nicht.

Es gibt Menschen, die sich um Besserung mühen und manchmal ganz verzweifelt nach einem objektiven Instrument suchen, um sich so zu sehen, wie sie wirklich sind, damit sie sich auch wirksam um die eigene Persönlichkeitsentwicklung bemühen können. Dieses Instrument wird uns durch das Gesetz der Anziehung der Gleichart zur Verfügung gestellt: Alles, was uns bei den anderen ärgert, sind Fehler, die wir ebenfalls besitzen, Fehler also, an denen wir arbeiten können.

Hier möchte ich anmerken, dass wir auch bei unseren Mitmenschen gewisse Fehler feststellen, wir diese bemerken, sie ärgern uns jedoch nicht. Sie treffen uns nicht, da wir mit ihnen keine Gleichart haben. Folgende Situation könnte sich ergeben: Ein Freund ist irritiert über die Bequemlichkeit eines gemeinsamen Bekannten. Selbst haben wir das jedoch noch nicht festgestellt, da wir diesen Fehler nicht teilen, bemerken jedoch, dass dieser bei dem Freund ganz ausgeprägt ist.

Da der Geist das anzieht, was mit ihm Gleichart hat, so können wir uns dann ändern, wenn wir mit einer Situation, in der wir uns befinden und mit der wir nicht zufrieden sind, nicht versuchen, die Situation zu verändern, sondern uns selbst. Denn sobald sich unser Inneres verändert, hat es auch mit der betreffenden Situation keine Gleichart mehr, es stößt diese sogar ab. Sie berührt uns dann nicht mehr.

Wirkt sich das Gesetz des Gleichgewichtes auf der seelischen Ebene aus, so spricht man vom Ausgleich zwischen Geben und Nehmen: Das Ergebnis unserer Bemühungen entspricht immer dem Maße unserer Anstrengungen.

Von zwei Musikern mit gleichen Fähigkeiten wird derjenige, der täglich übt, der weit bessere Interpret als der, der nur hin und wieder seine Übungen macht. Genauso wird jemand, der sich müht, respektvoll und angenehm seiner Umwelt zu begegnen, über ein viel harmonischeres Leben und eine ausgeglicherne Umgebung verfügen, als derjenige, der sich in dieser Weise überhaupt nicht anstrengt.

Die Nichtbeachtung des Gesetzes des Gleichgewichtes in unseren mitmenschlichen Beziehungen führt zu zahlreichen Problemen. Ein Kind, das von seinen Eltern alles bekommt, ohne dass diese etwas als Gegenleistung fordern, wird zu einem verwöhnten und unglücklichen Kind. Daran gewöhnt, immer alles zu erhalten, ohne etwas dafür geben zu müssen, erwartet es gute Ergebnisse beim Lernen, ohne sich dafür genügend anzustrengen. Später wird es einen höheren Lohn für seine Arbeitsleistung erwarten, als ihm zusteht und von der Gesellschaft mehr fordern, als dass es selbst zu geben bereit ist.

Das Gesetz der Bewegung bedingt, dass alles, was am Leben und gesund bleiben sowie sich weiterentwickeln will, dazu gezwungen ist, sich zu bewegen. Dies stimmt für den Körper, jedoch auch für den Geist. Unser eigentliches Ich kann nur lebendig bleiben und sich weiterentwickeln, wenn es ständig in Bewegung, also aktiv ist. Für unseren Geist bedeutet Bewegung, sich mit Dingen zu befassen, welche Gleichart mit ihm haben, also Dinge, die über das ausschließlich Irdische und Materielle hinausgehen. Dazu gehört die Suche nach dem Sinn des Lebens und die Beschäftigung mit großen Fragen wie: Woher kommen wir? Was machen wir hier auf der Erde? Wohin gehen wir nach unserem Tod?

Wie wir mehr oder weniger entwickelte körperliche Fähigkeiten haben können, je nachdem, wie weit wir diese beanspruchen, so können wir auch über entfaltete geistige Fähigkeiten verfügen, weil wir sie genügend beanspruchen oder, im Gegenteil, einen eingeschlafenen und »verkümmerten« Geist, weil wir ihn vernachlässigen.

Das erklärt auch, dass für gewisse Menschen das immaterielle Ich sowie die Existenz verschiedener anderer Ebenen als nur die Erde eine Selbstverständlichkeit sind, andere hingegen haben sehr viel Mühe, sich auch nur die Möglichkeit dessen vorzustellen. Das Gesetz der Wechselwirkung hat zur Folge, dass ein Geist genau die Fähigkeiten besitzt, um deren Entfaltung er sich bemüht hat. Wenn, statt sich ausschließlich mit materiellen Fragen und Wünschen zu befassen, ein Mensch ein intensives geistiges Leben hat, so besitzt er weit höhere entwickelte Geistesfähigkeiten, die ihm helfen, sein Schicksal auf viel bewusstere Weise zu gestalten.

* * *

Man hört oft, dass Angst Krankheit und schmerzhaftes Erleben anzieht. Wie verhält es sich damit? Wie hängt Angst mit den Naturgesetzen zusammen?

Welche Rolle spielt die Angst?

Man nimmt allgemein an, dass Krankheiten präzise physische Ursachen haben: zu viel Harnsäure verursacht Gicht, ein Mangel an Vitamin C führt zu Skorbut, Colibazillen lösen eine Blaseninfektion aus ... In all diesen Fällen führt Materielles, Sichtbares und Greifbares zu Krankheiten. Wie steht es jedoch mit Nichtmateriellem, wie zum Beispiel der Angst und allen anderen unguten Emotionen, die in uns wohnen können: Hass, Neid, Erregbarkeit ... ? Haben diese auch einen Einfluss auf unsere Gesundheit? Oder sind sie zu subtil dafür?

Wir erleben selbst, dass ein Zusammenhang existiert. Es gibt Menschen, bei denen jedes Mal, wenn sie sich bei Tisch gestritten hatten, Verdauungsstörungen auftreten. Stress führt langfristig zu Bluthochdruck, Sorgen lassen Magengeschwüre entstehen. Menschen erleiden eine akute Blinddarmentzündung nach dem Todesfall eines Nahestehenden oder in Folge eines Verkehrsunfalls.

Das Immunsystem, dessen Aufgabe es ist, den Körper vor Angriffen von Mikroben (Viren, Bakterien, Pilze) zu schützen, wird durch Angst oder andere emotionale Erschütterungen geschwächt. Obwohl wir ständig einer Vielfalt von Mikroben ausgesetzt sind, können uns diese Mikroben nichts anhaben, sich in uns nicht vermehren, um eine Krankheit auszulösen, solange unser Immunsystem gut funktionniert. Das Immunsystem hält sie unter Kontrolle. Sobald sich dieses schwächt, können die Mikroben die Oberhand gewinnen. Sie vermehren sich zahlreich und machen uns krank.

Ein bekanntes Beispiel ist das der Menschen, die zu Herpes neigen. Dies ist eine Krankheit, welche kleine Bläschen auf den Lippen oder um den Mund entstehen lässt. Meist ist bei diesen Menschen der Herpes-Virus ständig präsent. Er kann sich aber normalerweise nicht entfalten, da das Immunsystem ihm entgegen wirkt. Solange sich das Leben dieser, zu Herpes neigenden Personen harmonisch vollzieht, haben sie keinen Ausschlag. Eine starke Emotion,

Ärger oder eine große Enttäuschung reichen jedoch aus, damit sich ein Herpes entwickeln kann, bedingt durch die Verschlechterung des Körpermilieus, welche das Sinken der Abwehrkräfte des Immunsystems zur Folge hat. Dasselbe geschieht bei Patienten, die nach einem emotionalen Schock regelmäßig einen Schnupfen, eine Blaseninfektion, eine Angina bekommen oder ein Aufleben der Candida erleiden.

Diese Beispiele zeigen klar, dass das Immunsystem von den Emotionen abhängig ist und dessen Abwehrkräfte sich bei Angst oder anderen starken Emotionen vermindern.

Das wurde auch wissenschaftlich bewiesen. Zahlreiche Experimente wurden in dieser Richtung durchgeführt. Eines davon bestand im Messen des Anteils an Immunglobulinen im Speichel (S-Ign), ein Antikörper zur Verteidigung der oberen Luftwege und des Verdauungstraktes gegen Krankheitserreger. Da sich dieser Antikörper im Speichel befindet, ist es leicht, eine Probe davon zu entnehmen. Das Auswerten der

Ergebnisse ist ebenfalls leicht, da eine Erhöhung der S-Ign einer Erhöhung der Abwehrfähigkeiten entspricht, eine Abnahme einer Schwächung derselben.

Freiwillige, die an einem dieser Experimente teilnahmen, wurden in drei Gruppen aufgeteilt. Die Freiwilligen der ersten Gruppe wurden (während fünf Minuten) in eine Situation mit aufbauenden und wohltuenden Emotionen wie Mitgefühl und Nächstenliebe gebracht. Die zweite Gruppe wurde (ebenfalls während fünf Minuten) einem gegenteiligen Einfluss ausgesetzt, sodass sie ungute Gefühle entwickelten wie Wut und Enttäuschung. Die dritte Vergleichsgruppe wurde in einer neutralen Verfassung gelassen. Speichelproben wurden direkt vor und nach dem Experiment entnommen sowie sechs Mal stündlich danach.

Die Auswertungen der Analysen zeigten, dass nur innerhalb von fünf Minuten in der Situation des Mitgefühles und der Nächstenliebe der S-Ign Gehalt gestiegen ist, während zur gleichen Zeit derjenige der Beteiligten, welche Wut und Enttäuschung ausgesetzt wurden, gesunken ist. Außerdem wurde festgestellt, dass die Hebung oder das Sinken bis zu fünf oder sechs Stunden nach dem Test anhielt. Die dritte Gruppe zeigte keine Abweichungen des S-Ign Gehaltes.

Indem sie das Immunsystem schwächen, geben ungute Emotionen den Mikroben eine gewisse Zeitspanne, um sich zu vermehren, ohne dass das Immunsystem viel dagegen unternehmen kann.

Die Zeit der ungünstigen Emotionen dauerte in obigem Experiment nur fünf Minuten. Es handelt sich hier also um eine begrenzte und vor allem kurze Zeit. Solche Empfindungen können sich jedoch über eine viel längere Zeitspanne hinziehen, wie dies beispielsweise während einer Epidemie der Fall ist.

Das Gefühl der Bedrohung durch eine Epidemie, das Wissen um erste Fälle und um die Anzahl der Angesteckten und Todesopfer, die Angst vor der eigenen Ansteckung und vor dem Sterben, lösen Besorgnis, Angst, ja sogar Panik aus. Diese Gefühle und Empfindungen dauern jedoch nicht nur einige Minuten, wie dies im oben beschriebenen Experiment der Fall war, sondern Tage, Wochen und Monate. Das Immunsystem wird dadurch äußerst geschwächt und liefert so den Mikroben und Viren, während einer langen Zeit, ein freies Feld, um sich zu vermehren. Sie haben ungehindert Zeit, sich auszubreiten und Schaden anzurichten.

Um gegen Epidemien anzukämpfen und gegen die, unsere Gesundheit schwächenden unguten Emotionen, reicht es nicht, Hygiene- und therapeutische Maßnahmen zu treffen. Es ist auch unumgänglich, sich der psychischen Seite, der Seele, anzunehmen. Auch wenn man im Grunde über ein gutes Körpermilieu verfügt, also ein Körpermilieu, welches den Agressionen von Bakterien und Viren zu widerstehen vermag, kann man sehr schnell ein empfängliches Körpermilieu entwickeln, indem man Emotionen, wie die Angst, sich einnisten lässt.

Diese wirken nicht nur auf das Körpermilieu, sie haben auch eine Auswirkung auf das Seelenmilieu.

Körperliche Krankheiten, die durch psychische Einflüsse verursacht wurden, werden als psychosomatische Leiden bezeichnet. Gewöhnlich wird "Psyche" mit Gedanken in Verbindung gebracht und somit mit dem Gehirn. Das Gehirn ist weder das eigentliche Ich des Menschen noch der Ausgangspunkt der psychischen Fähigkeiten, sondern nur ein Werkzeug, welches dem Geiste, dem eigentlichen Zentrum unserer Persönlichkeit und unseres Willens, zur Verfügung steht.

Der Geist verfügt über einen freien Willen, deshalb ist er es, der entscheidet, auf welche Weise er einem Ereignis gegenüber reagieren will. Der Geist ist verantwortlich für das Vertrauen, den Optimismus, das Durchhaltevermögen, dank deren er dem Leben entgegentreten kann.

Der Geist selbst ist für die Angst verantwortlich und die Emotionen, mit denen er auf bestimmte Ereignisse reagiert. Die Angst bleibt gewöhnlich nicht für sich, sondern sie gesellt sich zu anderen unguten Empfindungen wie Egoismus, Hass, Aggression oder auch Feigheit, Fatalismus oder Sich-Gehen-Lassen.

Da diese niederdrückenden Emotionen dem Geiste entstammen, tragen sie sich in das Seelenmilieu ein. Sie verleihen diesem Milieu eine gewisse Färbung, oder, anders ausgedrückt, Eigenschaften, welche diesen Emotionen entsprechen.

Der Geist badet nun in dieser Umgebung und wird durch diese beeinflusst. Er befindet sich in einem schweren und getrübten Ambiente. Die Sicht der Dinge wird verdunkelt, die Realität verrückt. Der Geist vermag nicht mehr klar zu denken, was die Angst steigert.

Angst zu haben bedeutet, von Furcht und Bangen erfüllt zu sein. Was kommt, wirkt bedrohlich, ob dies nun tatsächlich der Fall ist oder nicht. Eine Besorgnis erfüllt uns, dass das Kommende nicht zu bewältigen sei, dass es unsere Abwehrfähigkeiten überschreiten werde und dass wir leiden werden, körperlich oder seelisch. Diese Angst rät uns zu fliehen und sich der Konfrontation nicht auszusetzen.

Das Gegenteil der Angst ist der Mut. Ein mutiger Mensch wagt es, nach vorne zu schauen und sich Gefahren zu stellen. Er macht dies mit Schwung, Entschlossenheit und Begeisterung. Manchmal stellt er sich bewusst der Bedrohung.

Ein mutiger Mensch verfügt über das notwendige Vertrauen, mit der Situation und den Ereignissen fertigzuwerden. Woher kommt dies Vertrauen? Ein solches Vertrauen kann nur durch die Kenntnis der Naturgesetze erlangt werden. Diese Kenntnis verleiht eine weite Sicht der Dinge, sie lässt den Ablauf des Kommenden klar erscheinen und erkennt den Zusammenhang zwischen Ursache und Wirkung. Die Sicht der Wirklichkeit ist klar, sodass sich der Geist darauf stützen kann, um so vernünftige und fördernde Entscheidungen zu treffen.

Angst kommt vorwiegend aus Unwissenheit. Um sie zu bezwingen, muss man ihr Wissen entgegenstellen.

* * *

Wenn die Kenntnis der Gesetze beim Verständnis hilft, dass wir für unsere Zukunft verantwortlich sind, so muss auch erklärt werden, wie wir für das verantwortlich sein können, was sich zu Beginn unseres Lebens ereignet hat, in unserer Kindheit - das heißt, bevor wir die Möglichkeit hatten, bewusste Entscheidungen zu treffen. Doch wo liegt unsere Verantwortung bei erblichen Krankheiten und wie kann ein Kind mit einer angeborenen Krankheit dafür verantwortlich sein?

Ist jemand mit einer angeborenen Krankheit für seine Leiden verantwortlich?

Der Mensch ist ein immaterieller Geist, der sich in einen physischen Körper inkarniert. Was ist der Zweck dieser Inkarnation? Findet sie zufällig statt oder ist sie von einem höheren Willen gewollt und hat so ein bestimmtes Ziel?

Es gibt zahlreiche Antworten auf diese Fragen, jedoch kann man dies zwei Theorien zuteilen. Die Erste geht davon aus, dass das Leben durch Zufall entstanden ist, es also keinen Sinn habe. Man solle die Freuden und Genüsse, die es bietet, so lange es noch möglich ist und höchstmöglich nutzen. Die zweite Theorie betrachtet das Leben als eine Schule, welche dem Geist ermöglicht, sich zu entfalten und zu vervollkommnen - dank der Erfahrungen, die er während seiner irdischen Existenz macht. Der Zweck dieser »Schule« ist, den Geist zu befähigen, eines Tages in das geistige Reich, aus dem er ausgegangen ist, zurückkehren zu können.

Da es keinen Zufall gibt und alle Abläufe exakten Gesetzen unterworfen sind, werden wir die erste Theorie verwerfen und uns der zweiten zuwenden.

Der Geist ist also auf der Erde, um zu lernen. Was geschieht jedoch mit dem Menschen, der das Ende seines Lebens erreicht und stirbt, bevor er sich genügend entwickelt und vervollkommnet hat, um in seine geistige Heimat zurückzukehren? Sind alle Mühen umsonst gewesen? Oder wird er ganz von selbst ins Paradies getragen? In beiden Fällen bleibt die Frage: Was wird aus den schlechten Früchten, die er erzeugt hat und deren Ernte bis zu seinem Abscheiden noch ausblieb? Wird er davon befreit und seine Verantwortung dafür aufgehoben?

Diese verschiedenen Fragen zu bejahen, würde sich allen Schöpfungsgesetzen entgegenstellen. Es würde heißen, das Gesetz der Wechselwirkung zu verneinen, da Saaten ohne Ernte bleiben würden. Auch der unumgängliche Ausgleich würde nicht stattfinden (das Gesetz des Gleichgewichtes). Es würde auch heißen, die Notwendigkeit des Sich-Bemühens (Gesetz der Bewegung) abzulehnen. Letztlich würde es auch dazu führen, das Gesetz der Gleichart zu missachten, da zwei Arten – diejenigen, welche sich ausreichend entwickelt haben, und die, die nicht so weit sind – sich gemeinsam im geistigen Reich oder Paradies finden würden.

Eine solche Unvereinbarkeit zwischen unseren geläufigen Anschauungen und der Realität der Existenz der Gesetze kann jedoch aufgehoben werden. Um sich von dieser Gegensätzlichkeit zu lösen, muss man nur anerkennen, dass der Geist sich nicht nur einmal, sondern mehrere Male auf der Erde inkarniert. Denn wenn es »technisch« ein erstes Mal möglich ist, dass sich ein immaterieller Geist in einen physischen Körper inkarnieren kann, so besteht kein Grund, weshalb er dies nicht ein zweites, dann ein drittes und viele weitere Male tun könnte.

Ein Argument gegen die Reinkarnation ist genetischer Art. Es beruht auf der Tatsache, dass die Wahrscheinlichkeit einer Genkonstellation zu verschiedenen Epochen, zwei genau identische Körper zu bilden, unmöglich ist. Dies verhindert, dass der Geist je einen identischen Körper zur Reinkarnation findet.

Man setzt hier voraus, dass bei der Reinkarnation der Geist immer wieder den gleichen Körper vorfinden muss.

Das wäre richtig, wenn der Geist sich nicht entwickeln würde, das heißt, wenn er immer dieselbe Form behalten würde. Jedoch drängt das Gesetz der Bewegung zur Weiterentwicklung, also zur Veränderung. Der Geist ist demnach bei jeder Inkarnation anders und braucht einen Körper, der seinen neuen Eigenschaften, welche er sich während seiner Entwicklung angeeignet hat, entspricht.

Die Notwendigkeit, einen physischen Körper zu besitzen, dessen Eigenschaften mit denen des Geistes übereinstimmen, entspricht dem Gesetz der Anziehung der Gleichart. Es ist notwendig, dass eine

Gleichart zwischen dem Geist und dem Körper besteht, damit der Geist auch seine Fähigkeiten richtig zum Ausdruck bringen kann. Ein lebhafter und unternehmender Geist beispielsweise könnte sich weder in einen schweren und schwachen Körper inkarnieren noch sich mit ihm verbinden. Sie würden nicht zusammenpassen. Sie würden sich abstoßen und die Inkarnation unmöglich machen, es sei denn, dass dies in gewissen Fällen durch bestimmte karmische Rückwirkungen notwendig ist.

In der Schule des Lebens, während des Überganges von einer Klasse zu der anderen, also von einem Leben zum nächsten, ist ein Körper nötig, der dem Lehrstoff dieser nächsten Klasse angepasst ist. Dies bedeutet gleichzeitig, dass man beim Tode den bisher benutzten zurücklässt.

Der physische Körper existiert nur für eine kurze Zeit. Der Geist hingegen hört bei jedem neuen Tod des Körpers nicht auf zu leben, sondern führt seine Existenz ohne Unterbrechung weiter, von einem Leben zum anderen. Das hat zur Konsequenz, dass die Rückwirkungen unserer vergangenen Taten, welche immer noch an unserer Seele hängen, bei unserem Tode auch nicht aufhören zu existieren. Sie folgen uns ins Jenseits, sogar in unser nächstes Erdenleben. Es wird uns nach unseren Werken gegeben werden, wie in der Offenbarung des Johannes zu lesen ist.

Deshalb kann jemand während einer Inkarnation aus Gründen, die in ein früheres Erdenleben zurückführen, krank sein. Die Toxine, welche sich in unserem Körper angehäuft haben, folgen uns nicht von einem Leben ins andere. Doch gehen unsere Fehler und schlechten Gewohnheiten mit uns, da sie Eigenschaften der Seele und nicht des Körpers sind. Die Gleichart, die zwischen unserem Geist und unserem, durch Irrtümer organisch geschwächten Körper existiert, muss sich zwischen unserem Geist und dem neuen Körper bei einer kommenden Inkarnation wiederfinden. Wir werden so von einem Fötus angezogen, welcher die notwendigen Vorzüge und Mängel besitzt, damit die Gleichart besteht. Das Gegenteil wäre nicht möglich, da, entsprechend des Gesetzes der Anziehung der Gleichart, ein Geist und ein Körper, welche keine Gleichart haben – also ungleich sind – einander abstoßen.

Es ist also kein ganz neuer Geist, der bei der Geburt auf die Welt kommt, sondern ein alter, der schon lange existiert und zahlreiche Erfahrungen hinter sich hat. Dieser Geist kommt dank des neuen Körpers, welcher die Eigenschaften besitzt, die ihm die Gene seiner Eltern übermittelt haben, auf die Welt. Er verbindet sich mit einem Körper, der ihm entspricht, ist jedoch nicht mit den Eltern verbunden, die ihm nur den physischen Körper übertragen.

Eltern, die ihrem Kinde eine erbliche Krankheit vermitteln, vererben ihm diese Krankheit oder organische Schwäche nicht, da es selbst all die entsprechenden Elemente, die dazu führen, in seiner Seele schon besitzt. Die Eltern stellen nur fremden Geistern, die dessen bedürfen, Körper mit den entsprechenden Schwächen zur Verfügung. Notwendig? Ja, sie sind notwendig zum Bewusstwerden von Schwächen, die sich im Geiste befinden und aus früheren Inkarnationen herrühren. Solche Schwächen können durch einen Mangel an Respekt, seinem physischen Werkzeug gegenüber, bedingt sein oder auch durch einen Hang zu Alkohol, Rauchen, Esssucht oder anderem.

Das Finden eines Körpers, der ihn unter den Schwächen leiden lässt, deren Ursache er selbst geschaffen hat, verleiht dem Geist die Möglichkeit, sich seiner irrtümlichen Haltung bewusst zu werden und sie somit zu ändern. Ein Kind mit einer angeborenen Krankheit ist nicht unschuldig, nur weil es am Beginn seines gegenwärtigen Erdenlebens steht. Seine Vergangenheit wird nicht ausgelöscht bei jeder neuen Geburt. Das betreffende Kind ist nur physisch ein Kind, innerlich ist es ein schon entwickelter Geist. Gewiss kann es seine Möglichkeiten erst als Jugendlicher voll nutzen. Doch die Verantwortung für all sein vergangenes Tun, welches noch nicht durch Rückwirkungen oder inneren Wandel gelöscht wurde, trägt es noch immer in sich. Das Neugeborene, oder besser ausgedrückt, ein

Geist im Körper eines Neugeborenen, ist immer die Ursache seiner Krankheit, ob es nun eine erbliche sei oder nicht. Es ist nicht das Spielzeug des Zufalls noch das Ergebnis von blinden genetischen Verbindungen, sondern verantwortlich für die Übel, die es sich durch eigene Entscheidungen und Taten zugezogen hat.

Diese Betrachtungsart wird manchen empören. Er wird anführen, dass die Kranken schon Sorgen genug haben und man sie nicht noch zusätzlich mit solchen Erklärungen entmutigen sollte. Der Wunsch, niemanden zu beschuldigen, spiegelt unseren Zeitgeist wider. Man versucht niemandem ein schlechtes Gewissen zu machen, das destabilisiert und dazu führen könnte, dass der Betroffene verunsichert wird und sich sein inneres Unbehagen noch vergrößert.

Denkt man jedoch intensiver darüber nach, so bedeutet das Bewusstwerden eines Fehlers, dass man sich seiner Verantwortung bewusst wird, also auch seiner Schuld. Ist das Sich-schuldig-Fühlen nicht ein unumgänglicher Durchgang, um sich eines Fehlers bewusst zu werden? Ist das schlechte Gewissen nicht – abgesehen von Schmerz und Weisheit – das Einzige, das uns dazu veranlassen könnte, etwas Schädliches nicht mehr zu tun und uns zum Umdenken und verändertem Handeln zu bewegen?

Man sollte dabei den immateriellen Geist betrachten. Der Geist ist da, um zu lernen, denn seine Existenz ist nie unterbrochen. Er bildet die Verbindung zwischen der Vergangenheit und der Zukunft.

Ursachen von Krankheiten sind jedoch nicht nur physischer Art. Krankheiten können uns auch dazu veranlassen, uns gewisser Mängel, die unsere Seele belasten, bewusst zu werden. So können die Folgen von Leiden, die wir anderen zugedacht hatten, zurückkommen, indem sie sowohl unser Inneres als auch unseren Körper treffen. Krankheiten sind nur eine von zahlreichen möglichen Erleben und sie können uns genauso wie jede andere Erfahrung treffen. Das Gefühl der Verzweiflung, das

Empfinden der Minderwertigkeit, des Ausgeschlossenseins, des Verlassenseins oder der Auflehnung während einer Krankheit können durch körperliche Schmerzen verursacht worden sein, bedingt durch eine ungesunde Lebensführung. Es ist auch möglich, dass dies die Rückwirkungen von Empfindungen sind, die wir bei unseren Nächsten durch die Art, wie wir diese behandelt haben, auslösten, ob es sich dabei um das Familien- oder Berufsleben gehandelt hat oder irgendeinen Teil des Privat- oder öffentlichen Lebens. Wenn wir persönlich diese unguten Emotionen erleben, können wir erkennen, was wir anderen zugedacht hatten. So ist es leichter, unser Fehlverhalten zu bereuen.

Seelische Mängel können sich über eine körperliche Krankheit ausdrücken, weil die Seele den Körper formt. Der Astralkörper, die dichteste der Seelenhüllen, ist das Modell oder die Form, nach welcher sich der Erdenkörper bildet. Die Gene allein vermögen nicht, einen Körper zu formen. Sie geben nur den Anstoß zur Vervielfältigung und Differenzierung der Zellen. Der Astralkörper platziert die verschiedenen Zellarten an ihren entsprechenden Stellen im Körper. Um ein Bild zu benutzen: Die Gene machen den Teig der Zellen aus, während der Astralkörper ihm die Form verleiht. Schwächen des Astralkörpers – welche von denen der Seele abhängen – finden sich unumgänglich auch auf körperlicher Ebene.

Wie manifestieren sich diese Rückwirkungen einer seelischen Schwäche in gewissen Fällen auf seelischer und in anderen auf körperlicher Ebene? Die Möglichkeiten sind zahlreich und individuell. Man könnte jedoch annehmen, dass bei einem Fehler, der in irgendeiner Verbindung zum Erdenkörper steht – zum Beispiel die Bequemlichkeit, mit der man den Körper vernachlässigt – die Rückwirkungen auf körperlicher Ebene erfolgen. Wenn ein Fehler vor allem das Seelische berührt, so zeigt sich die Rückwirkung eher auf dieser Ebene. Viel hängt auch davon ab, wie weit der Geist den Lektionen des Lebens gegenüber empfänglich ist. Rückwirkungen geistiger Art können zu fein sein, um klar als solche erkannt zu werden. Führen sie zu keinem inneren Wandel, so offenbaren sie sich in dichteren Hüllen, zum Beispiel im Erdenkörper, wo sie vermehrt und direkter empfunden werden. Dieses Erleben im Dichteren ist eine Hilfe. Denn wenn wir inkarniert sind, kann es vorkommen, dass wir erst auf Rückwirkungen reagieren, wenn sie uns körperlich treffen.

Das Wissen um diese Verdichtung hat bei gewissen Menschen zum irrtümlichen Schluss geführt, dass körperliche Krankheiten ausschließlich geistigen Ursprunges seien und demnach auch allen Krankheiten seelische Schwächen und Unzulänglichkeiten zu Grunde lägen und dass andererseits jemand, der nie krank ist, auch ein guter Mensch sei. Eine solche Auffassung ist nur bei einer einseitigen Beurteilung dessen, was eine Krankheit verursacht, möglich. Krankheiten haben zwei Ursachen: physische und psychische. Menschen mit schweren Charakterschwächen werden nicht unbedingt krank. Die Rückwirkungen ihres Tuns zeigen sich hier auf einer anderen Ebene. Andere tendieren dazu, jeder einzelnen Krankheit bestimmte psychische

Störungen oder Mängel zu Grunde zu legen. Ist jemand durch eine Krankheit bedrückt, so behauptet man, dass er jemand sei, der andere bedrücke. Jedoch kann das, was einer während einer bestimmten Krankheit empfindet, von einer Person zur anderen recht verschieden sein. Eine bestimmte Krankheit kann den einen bedrücken, den anderen jedoch verzweifelt machen oder aggressiv, wütend und schuldig oder andere Reaktionen hervorrufen. Das kann nur der Betroffene selbst empfinden und dann erkennen, was er daraus lernen möchte.

Oft werden geistige Ursachen von Krankheiten nicht bewusst vom Kranken erfasst. Doch die Situation, die er erlebt, drängt ihn, wenn er sich nicht dagegen wehrt, ein neues Verhalten einzuüben. Das kann sich dann durch die Leiden, die er ertragen muss, tief in ihm verankern.

Dieses aufbauende Verhalten korrigiert das falsch gewesene. Da der Auslöser der Krankheit verschwunden ist, werden sich auch günstige Folgen einstellen. Die Gesundung erfolgt im selben Leben oder, wenn die Krankheit eine Behinderung oder eine bleibende Schädigung mit sich brachte, im nächsten. Sind die körperlichen Beschwerden bei einer inneren Umstellung nicht reversibel, so können sie nachlassen, vor allem jedoch können die Seelenleiden, die durch die Krankheit verursacht wurden, ganz verschwinden.

Das Erkennen der Möglichkeit einer geistigen Ursache von Krankheiten, hilft auch zu verstehen, weshalb gewisse Krankheiten nie ganz heilen, obwohl sehr wirksame Heilmittel vorhanden sind: Denn die geistigen Ursachen sind noch nicht behoben.

Die Krankheit ist das Ergebnis falschen Verhaltens. Diese ist die Ursache von Leiden, sie ist jedoch nicht etwas ausschließlich Schlechtes. Im Gegenteil, sie ist in verschiedener Hinsicht sinnvoll. Körperlich zeigt sie, dass der Organismus sich bemüht, das Milieu von belastenden Stoffen zu befreien. Geistig verhilft sie dazu, uns über Fehler, die an unserer Seele nagen, bewusst zu werden, damit wir uns davon lösen können. Die Zeugnisse vieler Kranken verdeutlichen, wie wohltuend eine Krankheit sein kann. Für sie war die Krankheit eine große Chance, ihrem Leben einen neuen, höheren Sinn zu geben.

Die Verantwortung, die wir unserem Tun gegenüber haben, dauert so lange, bis unsere Irrtümer wieder gutgemacht und die Fehler, welche diese verursacht haben, abgelegt sind. Sie kann über eine sehr lange Zeit hinweg andauern, sogar mehrere Leben hindurch.

* * *

Doch warum lässt Gott so viele Schmerzen zu? So zweifelt die Menschheit an Seiner Liebe und fragt sich, weshalb Er die Menschheit für ihre Schwächen so hart straft.

Sind Krankheiten eine Strafe?

Eine Strafe wird jemandem erteilt, der eine verwerfliche Tat verursacht hat. Im Gegensatz zur Belohnung ist sie meist unangenehm, denn sie soll sein Fehlverhalten sanktionieren. Strafen und Züchtigungen werden von der Justiz bestimmt. Bei Krankheiten sorgt nicht die menschliche Justiz für Gerechtigkeit. Das Nicht-Respektieren der Naturgesetze erzeugt Krankheiten. So kann man sich fragen, ob Strafen, ausgelöst durch Gesetze, als Sanktion für unsere Fehler betrachtet werden können? Wenn ja, können die Gesetze Gerechtigkeit walten lassen? Ist dies der Fall, welche Eigenschaften sind dafür nötig?

Um gerecht zu urteilen, muss derjenige eine genaue Kenntnis der Fakten haben. Kein Ereignis, kein Detail darf ignoriert werden. Jedoch reicht es nicht aus, über eine Liste von Fakten zu verfügen. Die wichtigen müssen von den nebensächlichen unterschieden werden. Diese müssen in allen feinen Nuancen abgewogen werden, indem der Einfluss jedes Details auf das

Ganze untersucht wird. Nur so kann ein gerechtes Urteil gefällt werden, dem Ernst des Falles angepasst. Denn ein zu strenges Urteil ist genauso schlecht wie ein zu mildes.

Um gerecht zu sein, muss das Urteil auch in enger Verbindung mit den Tatsachen stehen. Wenn die Strafe ohne Verbindung zum Delikt erfolgt, kann sich der Bestrafte nicht seines Fehlverhaltens bewusst werden. Das Ziel einer Strafe ist jedoch, dass sich der Schuldige dessen bewusst wird, was er falsch gemacht hat, und in Zukunft anders handelt.

Gerechtigkeit sollte beständig sein. Sie kann nicht einmal bestrafen, dann die Strafe unterlassen, weder streng noch zu mild ein gleiches Vergehen bestrafen, je nachdem, wer es begangen hat. Um gerecht zu sein, muss sie allgemein anwendbar sein, auch bei den Stärksten. Dazu muss sie allmächtig sein, damit sie sich als unumgängliche Kraft aufzwingen kann. Entsprechen die Naturgesetze all diesen Kriterien?

Wir haben gesehen, dass Gesetze im Körper- wie auch im Seelenmilieu absolut alles eintragen, was von uns ausgeht oder auf uns zukommt. Die Eintragung geschieht auf exakte und nuancierte Weise, da nicht nur nicht eingetragen werden kann, was sich nicht tatsächlich vollzogen hat, sondern dies auch mit der genauen Intensität, mit der es sich vollzogen hat, geschieht: schwach für beiläufiges Geschehen, stark für markante Ereignisse. Die Übereinstimmung zwischen der Realität und den eingetragenen Tatsachen ist absolut exakt. Sie ist genauer, als es die menschliche Gerechtigkeit je vermöchte.

Die Verbindung der Ursachen und der Art des Urteils ist genauso exakt. Die Art der Krankheiten wird immer in Gleichart mit den Ursachen sein: Belastungskrankheiten in Fällen von Überernährung, Nährstoffmängelkrankheiten bei Mangelernährung, Fettstoffwechselbeschwerden (Übergewicht, Leberstörungen, Herz- und Kreislaufbeschwerden ...) bei zu fetter Ernährung usw.

Die Wirkung der Gesetze ist in vollkommenem Einklang mit der Gerechtigkeit, da die Rückwirkungen unumgänglich dem genauen Zustand des Körpermilieus entsprechen und nicht irgendeinem angeblichen Zustand einer vergangenen Zeit. Bricht eine Krankheit in einem Körpermilieu aus, das schon durch eine Umstellung der Lebensweise verbessert wurde, so wird die Schwere dieser Krankheit der momentanen Beschaffenheit des Milieus entsprechen und nicht dem vergangenen, als es stark vergiftet war.

Die Unabänderlichkeit des Gesetzes der Wechselwirkung bedeutet: Wir ernten, was wir zuvor gesät haben. Wir können nicht etwas ernten, das wir nicht auf irgendeine Weise verursacht haben. Die Art zu säen, ist nicht immer aktiv, wie zum Beispiel Überernährung oder Tabakkonsum. Sie kann auch passiv sein, wenn wir uns nicht darum bemühen zu erkennen, was unser Organismus zum Wohlbefinden bedarf.

Die Naturgesetze haben auch die, für die Gerechtigkeit notwendige Unabänderlichkeit. Sie verändern sich nie, sondern wirken stets auf die gleiche, ihnen eigene Weise. Könnte sich ein Naturgesetz verändern, so empfinden wir es ganz richtig, kann es sich dann nicht um ein Gesetz handeln. Die Gesetze wirken heute genauso, wie sie in weit zurückliegender Vergangenheit gewirkt haben und auch in weiter Zukunft wirken werden. Die Gesundheitsgesetze, denen unser Körper unterworfen ist, bleiben immer gleich. Die Gesundheit der Bevölkerung hängt nicht so sehr von der Entdeckung immer zahlreicherer Heilmittel oder hochentwickelter medizinischer Techniken ab, sondern von einer Lebensweise, die mit den Gesundheitsgesetzen im Einklang ist.

Natürlich verändern sich die, den Gesetzen unterliegenden Formen, wie zum Beispiel verschiedene Krankheiten. Entwicklung ist in der Natur nicht ausgeschlossen, sie findet jedoch stets streng im Rahmen der Gesetze statt.

Die unabänderliche Art der Naturgesetze steht im Gegensatz zu den, sich immer wieder verändernden menschlichen Gesetzen. Diese sind von einem Land zum andern und von einer Epoche zur anderen sehr verschieden. Die Menschen ändern die Gesetze, um sie ihrem Wollen anzupassen, was für Naturgesetze völlig ausgeschlossen ist. Im Gegenteil, es ist der Mensch, der sich verändern muss, um dem Willen der Gesetze zu entsprechen.

Durch ihr immer gleiches Wirken, indem sie unumgänglich jeder Ursache eine Wirkung folgen lassen und diese Wirkungen immer den Ursachen ähnlich sind, verhindern die Naturgesetze jede Art von Willkür. Es gibt keine Bevorzugung oder Beeinflussung!

Die Naturgesetze wirken mit einer Kraft, der gegenüber die Menschen völlig machtlos sind. Der Mensch kann all seine wissenschaftlichen Kenntnisse bemühen und all sein Können und seine List aufwenden, er bringt es nie fertig, der Allmacht der Gesetze zu widerstehen. Er kann nichts dagegen tun, dass aus einem Weizenkorn Weizen sprießt, er kann sich nicht dagegen wehren, dass der Tod erfolgt, wenn der Körper sein Limit der Lebensfähigkeit erreicht hat oder dass ein schlechtes Körpermilieu zu einer Krankheit führt.

Man hört oft, dass der Mensch die Natur »bezwungen« habe oder dass er ihr »gebiete«. Doch kann er wirklich außerhalb der Gesetze wirken?

Nein. Der Mensch behauptet, er habe die Natur bezwungen, indem er Dinge produziert, die die Natur nicht liefert, wie die Herstellung von Plastik zum Beispiel, das Gehen auf dem Mond ermöglicht oder eine Krankheit oder Epidemie stoppen kann. Das ist der Menschheit nur gelungen, weil sie sich den bestehenden Gesetzen untergeordnet hat. Es hätte kein Plastik hergestellt werden können, wenn nicht die Eigenschaften der benutzen Materialien und deren Gesetze peinlich genau respektiert worden wären. Der Mensch konnte nur zum Mond fliegen und auf ihm laufen, weil er es vermochte, alle Möglichkeiten des Gesetzes der Schwerkraft zu nutzen. Letztlich konnte er Epidemien besiegen, weil die Behandlungen sich den physiologischen Gesetzen unterworfen haben, indem sie entweder das Milieu, in dem sich die Krankheit entwickelte, oder die zerstörerischen Möglichkeiten der Mikroben veränderten.

Es ist demnach falsch, wenn man meint, dass der Mensch Herr über die Natur geworden sei oder sie bezwungen habe, nur weil er deren Möglichkeiten ausgeschöpft hat. Dies hat auch der englische Philosoph Francis Bacon (1561 – 1626) gesagt: »Man befiehlt der Natur nur, indem man ihr gehorcht.«

Die Illusion, dass Antibiotika eine Infektionskrankheit zu heilen vermögen und dem Patienten die Gesundheit zurückschenken, ohne dass die geringste Reform des Körpermilieus unternommen wird, schwindet. Denn man hat festgestellt, dass der spektakulären Verminderung der akuten Krankheiten eine nicht minder spektakuläre Zunahme an chronischen und degenerativen Krankheiten folgte. Wenn das Körpermilieu nie korrigiert wurde, hat es sich weiter verschlechtert durch das, bei jeder Behandlung wiederholte Verdrängen der Toxine und die oft nicht physiologische und vergiftende Art der Behandlung.

Der oft ausgesprochene Wunsch, »der Natur eine Chance zu geben«, hat deren Rettung und Erhaltung zum Ziel, zeigt jedoch das Verkennen der allgewaltigen Macht der Naturgesetze. Alles, was sich nicht im Sinne der Gesetze vollzieht und ihnen entgegenstellt, wird von der Allmacht der Gesetze selbst vernichtet. Die Ausscheidung dessen, was nicht mit den Gesetzen schwingt – und demzufolge auch weniger stark und weniger fähig ist, für das Leben zu kämpfen – und das Überleben dessen, welches im Gegenteil stärker und fähiger ist, da es in den Schöpfungsgesetzen schwingt, hat man als »natürliche Auslese« bezeichnet. Diese wirkt nicht nur, wie dies allgemein angenommen wird, im Pflanzen- und im Tierreich, sondern auch beim Menschen. Durch dessen Unkenntnis der Gesetze und seiner, immer mehr von den Naturgesetzen abweichenden Lebensweise, ist der Mensch viel eher dazu bestimmt, einer radikalen vernichtenden Selektion unterworfen zu werden, als es bei der Natur der Fall ist. Die dramatische Erhöhung der Anzahl von Krankheiten, trotz der verblüffenden Erhöhung der Behandlungsmöglichkeiten, ist ein Anzeichen dafür. Sind die immer zahlreicheren Krankheiten durch den Verlust der Immunabwehr nicht ebenfalls der Ausdruck des Verlustes der Fähigkeit, sich im »Kampfe ums Leben« zu behaupten?

Der Mensch würde sich selbst – und nicht der Natur – eine Chance geben, wenn er sich in die Logik der Naturgesetze einfügen würde!

Auch wenn durch die Naturgesetze alle Taten eingetragen werden und dadurch ein Urteil gefällt wird, so ist deren Wirken stets fördernd. Sie begünstigen alles, was in ihnen begründet ist, sie drängen zur Entwicklung und Entfaltung. Es genügt, wenn der Mensch Nahrungsmittel, welche die Natur ihm bietet, in vernünftigen Mengen zu sich nimmt, die gespendete Luft atmet, in einer sinnvollen Weise arbeitet und ruht, damit sein Körper richtig wachsen und sich entwickeln kann. Er verfügt dann über eine solide Gesundheit und eine große Widerstandskraft Angriffen gegenüber. All dies, ohne dass er direkt etwas zu den organischen Phänomenen, welche ihm diesen Zustand verschaffen, beizutragen hätte.

Die aktiven und aufbauenden Kräfte der Gesetze sind wie der Strom eines Flusses. Wenn wir in Stromrichtung schwimmen, so werden wir getragen von seiner Kraft und kommen ohne große Anstrengung vorwärts. Zwei Kräfte arbeiten gemeinsam: diejenige des Stromes und die unsere. Wenn wir uns jedoch dazu entschließen, gegen den Strom anzugehen, also ein antiphysiologisches Leben zu führen – was uns aufgrund unseres freien Willens möglich ist – so stellt sich der Strom gegen uns und Krankheit entwickelt sich. Nun muss viel Mühe angewendet werden (das Zuziehen von einem ganzen Arsenal antisymptomatischer Therapien), um letztlich doch vom Strom fortgerissen zu werden.

Die Naturgesetze sind fähig, streng und gerecht zu urteilen. Bedeuten deshalb

Krankheiten Strafen? Wir denken es nicht. Krankheiten sind keine Strafen, sondern ganz natürliche und vorhersehbare Konsequenzen, welche aus der Nichtbeachtung der Gesundheitsgesetze resultieren. Diese Konsequenzen sind unschätzbare Hilfen. Denn sonst würde uns, wenn unsere Art zu Handeln sich den Gesetzen entgegenstellt, nie ein Alarmsignal gegeben, dass sich die Toxine unwiderruflich anhäufen. Ahnungslos den Gefahren gegenüber, die uns bedrohen, unvorbereitet und unbewusst, würden wir so vom Tode überrascht werden.

Wenn ein Kind trotz Ermahnungen eine heiße Platte berührt, wird es sich verbrennen. Seine Verbrennungen sind keine Strafe dafür, dass es nicht auf die Warnungen gehört hat, sie sind nur die logische Konsequenz. Wenn die Gesetze uns über unseren Körper – durch Müdigkeit, Schmerzen, Stoffwechselstörungen, akute Krankheiten – informieren, dass wir am Rande der Gesundheitsgesetze leben, wir jedoch entscheiden, diese Warnungen nicht zu beachten, sind die chronischen und degenerativen Krankheiten, die darauf folgen, keine Strafe, sondern nur Konsequenzen.

Deshalb sind wir für diese Konsequenzen auch verantwortlich. Da wir über einen freien Willen verfügen, hätten wir genauso gut unser Leben anders ausrichten können, woraus sich körperliches Wohlbefinden und eine solide Gesundheit ergeben hätte.

Krankheiten sind weder Strafen noch ein Zeichen von mangelnder Liebe des Schöpfers, sie sind das Ergebnis unserer mangelnden Kenntnis der Gesundheitsgesetze und unserer Ahnungslosigkeit der Notwendigkeit gegenüber, diese zu respektieren. Jede Komplikation, jede Verschlimmerung oder jeder Rückfall, so schmerzhaft diese auch sein mögen, sind nur eine weitere Folge unserer Unkenntnis der Gesetze.

Diese Feststellung ist nicht beängstigend, sondern sehr beruhigend, denn sie bedeutet, dass das, was uns geschieht, weder von den willkürlichen Entscheidungen anderer abhängt noch von den Launen eines blinden Schicksals, sondern von uns selbst. Die Situation liegt ganz in unseren Händen, da wir, dank unseres freien Willens, unser Leben gestalten können, wie wir es wünschen.

Diese Zusammenhänge kann man auf alle Probleme, Konflikte, Unstimmigkeiten und Kämpfe, denen wir ausgesetzt sind, übertragen: auf unsere Familien, auf unser Sozial- und Berufsleben, ebenso auf jeden Kummer, jede Prüfung und Not oder jedes Elend, auf jede Niederlage, auf Unglücksfälle, Versagen oder »Schicksalsschläge«, welche fälschlicherweise dem Zufall zugedacht werden. Auch hier kann uns nichts geschehen, das wir nicht durch unser Verhalten selbst hervorgerufen hätten, aktiv oder passiv.

Was der Mensch vor allem braucht, um glücklich und gesund zu sein, ist die Kenntnis der Schöpfungsgesetze. Diese Kenntnis beschränkt sich nicht auf Gesetze der Physik und der Chemie, welche die großen technischen Fortschritte ermöglicht haben. Sie muss sich ausdehnen auf die großen Gesetze oder Prinzipien, die unsere Existenz als Menschen bestimmen, sei dies in Bezug auf unsere Empfindungen, unsere innersten Gedanken und unser Sehnen wie auch unsere Taten.

Wie erlangt man die Kenntnis der Gesetze?

Die Beobachtung von kleinen und großen Tatsachen in der Natur oder unserer Umgebung bietet eine Möglichkeit, dieses Wissen zu erlangen. Indem man aufmerksam ist und versucht, die Logik, welche hinter den Ereignissen steht, zu erkennen, ist es auch möglich, die Gesetze, die diese leiten, zu entdecken.

Unser Erleben ist eine andere Möglichkeit, um dieses Wissen zu erlangen. Bei unseren Erlebnissen können wir uns der Wirkung der Gesetze bewusst werden. Auch aus der Verbindung zwischen gegenwärtigem Erleben und solchem aus der Vergangenheit können wir Schlüsse ziehen, indem man zu ergründen versucht, weshalb gewisse Situationen sich auf eigenartige Weise immer wiederholen. Je besser man das Warum eines Geschehens versteht, umso mehr wird man sich der Wirkung der Gesetze bewusst.

Man kann sich auch mit Werken befassen, die von den Schöpfungsgesetzen handeln. Um den Ursprung der Gesetze zu erklären, werden wir uns eines solchen Werkes bedienen. Es handelt sich um die »Gralsbotschaft – Im Lichte der Wahrheit« von Abd-ru-shin. Mit Hilfe verschiedener Zitate finden wir die Antwort darauf, warum es so vollkommene Gesetze gibt.

Vom Ursprung der Gesetze

Woher stammen die
vollkommenen Gesetze?

Diese Frage bleibt offen, denn es ist nicht der Zufall, der diese Gesetze hervorgebracht hat. Man hört von einem richtungsgebenden Prinzip, welches alles, was existiert, belebt und organisiert, andere sprechen von einer, zur Entwicklung drängenden Kraft. Doch welche intelligente Kraft bildet den Ursprung der vollkommenen Gesetze? Wer ist der Urheber der Schöpfungsgesetze?

Sollte dieser Urheber nicht dieselben Eigenschaften haben wie die Gesetze, die er geschaffen hat? Sollte er nicht allmächtig, ewig, gerecht, voller Liebe und perfekt sein? Also der Schöpfer selbst? In der Gralsbotschaft heißt es dazu: "*... die Naturgesetze sind die ehernen Gesetze Gottes, allen Menschen dauernd sichtbar vor den Augen, eindringlich zu ihnen redend, für des Schöpfers Grösse zeugend ...*" (Im Lichte der Wahrheit, Gralsbotschaft, Band I, Vortrag 20)

Wir alle haben schon gehört, dass Gott der Schöpfer des Universums ist, aber sind wir uns auch bewusst, dass er ebenfalls der Urheber der Gesetze ist, welche die Schöpfung leiten? Die Gralsbotschaft weist ganz klar darauf hin, dass Gott der Schöpfer der Natur und der Gesetze ist und diese Ausdruck seines Willens sind. Gläubige sind davon überzeugt, dass Gott Liebe und Gerechtigkeit ist, dass Er allmächtig ist und ewig. Wissenschaftler haben festgestellt, dass die Kraft, die das Universum belebt, allmächtig und unwandelbar in ihrem Wirken ist. Sprechen letztlich die Gläubigen und die Wissenschaftler von demselben?

»*Wenn viele Glaubensgegner von einer Gottheit heute nichts mehr wissen wollen, so kann dies alles an den Tatsachen nichts ändern, die ich anführte*«, steht in der Gralsbotschaft. »*Die Leute brauchen nur das Wörtchen GOTT weglassen, sich in die Wissenschaft ernst vertiefen, so finden sie* ***genau dasselbe****, nur mit anderen Worten ausgedrückt. Ist es nicht lächerlich, dann noch darum zu streiten?*

Um die Naturgesetze kommt kein Mensch herum, niemand vermag dagegen anzuschwimmen. Gott ist die Kraft, die die Naturgesetze treibt; die Kraft, die noch niemand erfasste, niemand sah, doch deren ***Wirkungen*** *jedermann täglich, stündlich, ja in den Bruchteilen aller Sekunden sehen muss, empfindet und beobachtet, wenn er nur sehen* ***will****, ...*

Ist es nicht Blindheit, sich dem hartnäckig zu widersetzen, während jedermann, auch diese starren Leugner selbst, das Dasein dieser Kraft bestätigt, anerkennt? Was ist es, das sie hindert, diese anerkannte Kraft nun Gott zu nennen? Ist es kindlicher Trotz? Oder eine gewisse Scham, zugeben zu müssen, dass sie all die Zeit hindurch hartnäckig etwas zu verleugnen suchten, dessen Vorhandensein ihnen von jeher klar gewesen ist?

Wohl nichts von alledem. Die Ursache wird darin liegen, dass der Menschheit Zerrbilder der großen Gottheit von so vielen Seiten vorgehalten werden, denen sie bei ernstem Forschen nicht vermochte beizu-

stimmen.« (Im Lichte der Wahrheit, Gralsbotschaft, Band I, Vortrag 6)

Gläubige bemühen sich, Gottes Gesetze zu beachten, da sie wissen, dass nur das Befolgen seines Willens – seiner Gesetze – zur Seligkeit führt. Die Wissenschaftler beachten die Naturgesetze in ihrem Forschen und bei den technischen Arbeiten, da sie wissen, dass dies die einzige Möglichkeit zum Erfolg ist. Der Autor der Gralsbotschaft sagt dazu:

»Ob Du nun sagst: Ich unterwerfe mich freiwillig den bestehenden Naturgesetzen, weil es zu meinem Wohle ist, oder ob Du sprichst: Ich füge mich dem Willen Gottes, der sich in den Naturgesetzen offenbart, oder: der unfassbaren Kraft, die die Naturgesetze treibt ... ist es ein Unterschied in seiner Wirkung? Die Kraft ist da, und Du erkennst sie an, ***musst*** *sie ja anerkennen, weil Dir gar nichts anderes zu tun verbleibt, sobald du etwas überlegst ... und damit anerkennst Du Deinen Gott, den Schöpfer.«* (Im Lichte der Wahrheit, Gralsbotschaft, Band I, Vortrag 6)

Die Gläubigen gründen sich auf biblische Texte, um Gott und seinen Willen zu erkennen. Ihr Glaube ergibt sich aus dem Studium dieser Texte, während die Wissenschaftler die Natur – das heißt die Schöpfung Gottes – studieren, um zur Überzeugung der Existenz von Gesetzen, die der Ordnung der Natur zu Grunde liegen, zu gelangen. Zahlreiche Tatsachen wurden von der Wissenschaft bewiesen und deren Echtheit kann von jedermann nachgeprüft werden. Diese stehen jedoch in radikalem Gegensatz zu religiösen Dogmen. Wie ist so etwas möglich? Wie kann das, was Gott sagt, sein Wort, in Gegensatz sein zu dem, was Gott ausführt, seiner Schöpfung?

Religiöse Wahrheiten können nur wahr sein, wenn sie in Einklang mit den Gesetzen der Schöpfung stehen. Was nicht in Einklang steht, kann nur durch Übertragungs- oder Interpretationsfehler erklärt werden. Das ist ebenfalls der Fall bei allen anderen Vorstellungen und Anschauungen, die wir vom Leben und von uns haben und die nicht im Einklang mit den Schöpfungsgesetzen stehen. Wenn sie sich nicht in die

Logik der Gesetze einfügen, so sind sie falsch. Demnach ist es unumgänglich zu prüfen, ob die menschlichen Interpretationen der religiösen Wahrheiten im Einklang mit den Schöpfungsgesetzen stehen. Darauf weist die Gralsbotschaft hin:

»*Ihr ehrt Gott nicht damit, wenn Ihr an Dinge blindlings glaubt, die sich mit den Schöpfungsurgesetzen nicht vereinen lassen!*« (Im Lichte der Wahrheit, Gralsbotschaft, Band I, Vortrag 14)

Man könnte dem entgegenhalten, dass für Gott nichts unmöglich sei, dass Er sich nicht durch seine Gesetze einschränken lässt und dass die Existenz von Wundern beweist, dass es Ihm möglich ist, außerhalb der Naturgesetze zu handeln.

Dem kann man jedoch entgegenhalten, dass es viele Dinge gibt, welche Gott unmöglich sind, wie beispielsweise ungerecht zu sein oder Schlechtes zu tun! Das Schlechte, das wir um uns beobachten können, kommt nicht von Ihm, sondern ist das Ergebnis von falschen, den Gesetzen entgegenstehenden Entscheidungen, die die Menschen mit ihrem freien Willen getroffen haben. Andererseits zeigt die Annahme, dass die Schöpfungsgesetze die Wirkungsweise Gottes einschränken könnten, eine völlige Unkenntnis dieser Gesetze. Denn die Schöpfungsgesetze drücken aus, wie Gott es will, dass sich die Dinge entwickeln. Demnach können sie sich nie Seinem Willen entgegenstellen, da sie der Ausdruck seines Willens sind!

Sollten Wunder Ausnahmen sein? Was man gewöhnlich unter Wundern versteht, ist ein Prozess, der sich außerhalb der normalen Möglichkeiten vollzieht, also außerhalb der Naturgesetze. Man betrachtet sie als besondere Gnadenakte, welche das Wohlwollen des Schöpfers gegenüber Einzelnen seiner Kreaturen erkennen lassen.

Die Tatsache, dass sich Wunder außerhalb der Gesetze vollziehen, ist widerlegt durch die Behauptung von Jesus selbst, welcher viele Wunder vollbrachte, jedoch erklärte, dass er nicht gekommen sei, die Gesetze aufzulösen, sondern zu erfüllen

(Matthäus 5,17). In Wirklichkeit sind Wunder Prozesse, die sich in völliger Übereinstimmung mit den Gesetzen vollziehen. Ihre Ungewöhnlichkeit erklärt sich durch die Intensität der notwendigen Kraft zu deren Verwirklichung und der ungewöhnlichen Geschwindigkeit, mit der sich das Ereignis vollzieht. Das Unmögliche jedoch – das heißt ein Ereignis außerhalb der Gesetze – wird deshalb jedoch nicht möglich! Der notwendige Heilungsprozess kann, durch die Präsenz des Gottessohnes oder eines dafür Berufenen, ausgelöst und plötzlich beschleunigt und gesteigert werden, sodass Blinde wieder sehen oder Gelähmte den Gebrauch ihrer Glieder wiederfinden.

Die Heilung jedoch kann nur stattfinden, wenn es sich um eine heilbare Krankheit handelt, heilbar nicht nach damaliger oder heutiger medizinischer Beurteilung, sondern den Naturgesetzen entsprechend. Jemand, der seine Augen verloren hat, wird nicht wieder sehen können, ebenso wenig, wie ein neues Bein wachsen wird, da diese Ereignisse über das Mögliche hinausgehen.

Das übernatürliche – und somit außerhalb der Gesetze stehende – Wesen der Wunder der Auferstehung von Toten verliert seine mysteriöse Seite, wenn man in Betracht zieht, dass der Mensch nicht lebt, weil sein Körper funktioniert, sondern weil ein immaterieller Geist im Körper ist und ihm so erlaubt zu funktionieren. Beim Tode braucht das Band, das den Geist mit dem Körper verbindet, mehrere Tage, bis es reißt. Die Auferstehung eines Toten, also das Zurückrufen des Geistes in den Körper, ist jedoch nur möglich, solange diese Verbindung existiert, dann nicht mehr.

Während dieser kurzen Zeit hat sich der Organismus noch nicht genügend verändert, um ein Wiedereintreten des Geistes in den Körper unmöglich zu machen. Dieses Wiedereintreten kann jedoch nur dank dem Zustrom einer, von der das Wunder vollbringenden Person ausgehenden Kraft, erfolgen. Es ist bezeichnend, dass die, in der Bibel beschriebenen Auferstehungswunder, alle wenige Tage nach dem Tode stattfanden, nie Wochen oder Monate danach.

Die Vermehrung des Brotes hingegen ist etwas, das sich nicht vollziehen lässt, denn die Schöpfungsgesetze erlauben nicht, dass ein Brot sich in Tausende verwandeln kann, nicht einmal mit einer ganz besonderen Kraft. Hier könnte es sich um eine Verwechslung von irdischem und geistigem Brot handeln. Christus konnte wohl fünf Tausend Zuhörer mit geistigem Brot – seinem Wort – nähren, jedoch nicht mit fünf Tausend irdischen Broten, die aus fünf hervorgegangen sind. Gläubige, welche sich fürchten, anders zu denken, als sie es bisher gewohnt waren, und meinen, dass die Kenntnisse der Gesetze und das andere Verstehen der Wunder, das sich daraus ergibt, die Größe des Schöpfers vermindert, antwortet der Autor der Gralsbotschaft:

»*Nun fürchtet nicht, dass dieses Wissen von dem Schöpfer abtreibt, euch den bisherigen Glauben schwächt. Im Gegenteil! Die Kenntnis dieser ewigen Gesetze, die Ihr nützen könnt, lässt Euch das ganze Schöpfungswerk noch viel erhabener erscheinen, es zwingt den tiefer Forschenden andachtsvoll auf die Knie durch seine Größe!*« (Im

Lichte der Wahrheit, Gralsbotschaft, Band I, Vortrag 5)

Dass der Schöpfer immer seinen Gesetzen entsprechend wirkt und nicht willkürlich handeln kann, ist kein Zeichen von Kleinheit oder Unvollkommenheit. Das Gegenteil ist der Fall. Müsste Er seine Gesetze ändern oder sie übertreten, so würde dies bedeuten, dass sie unvollkommen sind. Wären sie jedoch unvollkommen, so wäre dies ein Beweis dafür, dass auch Er nicht vollkommen wäre, was selbstverständlich unmöglich ist: Gott ist vollkommen, sonst wäre er nicht Gott.

Es ist ein wertvoller Rat, der uns vom Autor der Gralsbotschaft gegeben wird: »*Gebt Gott die Ehre der Vollkommenheit! Dann findet Ihr darin den Schlüssel zu den ungelösten Rätseln alles Seins.*« (Im Lichte der Wahrheit, Gralsbotschaft, Band I, Vortrag 20)

Gralsbotschaft
(in 3 Bänden)
www.gralsbotschaft.org
ISBN: 978-3-8786-0650-5

260 Seiten
eBook & Taschenbuch
ISBN: 978-1-9990215-0-4

Printed in Poland
by Amazon Fulfillment
Poland Sp. z o.o., Wrocław

57229847R00120